अति तीव्र गति से स्मरण-शक्ति बढ़ाने के तरीक़े

इम्प्रूव योर मेमोरी पॉवर

IMPROVE YOUR MEMORY POWER

मात्र 30 दिनों में स्मरण-शक्ति बढ़ाने वाला बेहद प्रभावशाली व सरल कोर्स

अरुण सागर 'आनन्द'

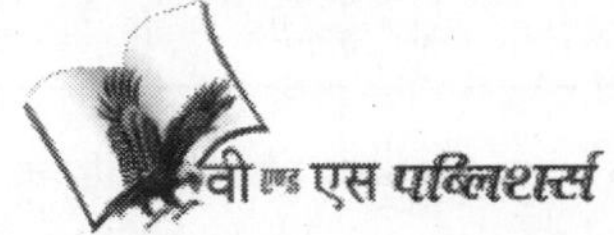

प्रकाशक

वी एण्ड एस पब्लिशर्स

F-2/16, अंसारी रोड, दरियागंज, नई दिल्ली-110002
☎ 23240026, 23240027, 23240028
✉ info@vspublishers.com • 🌐 www.vspublishers.com

Online Brandstore: amazon.in/vspublishers

क्षेत्रीय कार्यालय : हैदराबाद
5-1-707/1, ब्रिज भवन (सेन्ट्रल बैंक ऑफ इण्डिया लेन के पास)
बैंक स्ट्रीट, कोटी, हैदराबाद-500 095
☎ 040-24737290
✉ vspublishershyd@gmail.com

फ़ॉलो करें:   

BUY OUR BOOKS FROM: AMAZON FLIPKART

ISBN 978-93-815884-7-5

नवीन संस्करण

मुद्रक : परम ऑफसेटर्स, ओखला, नयी दिल्ली-110020

प्रकाशकीय

प्रबद्ध पाठकगण! प्रस्तुत पुस्तक 'अपनी स्मरण–शक्ति बढ़ायें' को आपके समक्ष रखते हुए हमें बेहद हर्ष हो रहा है, वर्तमान में बाजारों में 'मस्तिष्क' की क्षमता बढ़ाया, मेमोरी पावर को विकसित करने के लिए अनेक पुस्तके मिलती हैं, जिनमें बढ़–चढ़कर अनेक दावे, वायदे किये गये रहते हैं, किन्तु इम्प्रूव योर मेमोरी पॉवर की यह पुस्तक विशेष रूप से आम पाठकों के लिए उपयोगी है।

इसी कड़ी में विद्यार्थियों व सामान्य पाठकों की याददास्त को विकसित करके उनकी मेमोरी पावर को बढ़ाने के लिए मनोवैज्ञानिक विधि से विज्ञान सम्मत तरीके बताने के लिए यह पुस्तक **'इम्प्रूव योर मेमोरी पॉवर'** आपके समक्ष प्रस्तुत है।

इस पुस्तक में स्मरण–शक्ति बढ़ाने की जितनी भी तकनीकें बतायी गयी हैं, वे पूर्ण रूप से मनोवैज्ञानिक हैं। इसमें लेखक द्वारा कहीं भी कपोल कल्पना का सहारा नहीं लिया गया है।

इस पुस्तक में विद्यार्थियों एवं सामान्य पाठकों की स्मरण–शक्ति बढ़ाने के अनेक, वैज्ञानिक तथा यौगिक क्रियाएँ दी गयी हैं, जिन्हें अपनाकर वे अपनी मानसिक क्षमता को बढ़ा सकते हैं। ये उपाय विशेषज्ञों द्वारा आजमाये हुए, परीक्षित तथ्य हैं। इनमें कोई काल्पनिक उड़ान नहीं है, अपितु वास्तविकता का स्पर्श है।

इस पुस्तक की यह विशेषता है कि इसके तीस पाठों में तीस दिन में त्वरित गति रो रगरण–शक्ति बढ़ाने के तरीके दिये गये हैं। विद्यार्थी/पाठक प्रत्येक दिन पाठ में बताये गये कार्यक्रम के अनुसार अध्ययन करेगा, तो तीसवें दिन निश्चय ही उसकी स्मरण–शक्ति बढ़ जायेगी और वह अपनी जीवन परीक्षा के प्रत्येक पड़ाव पर सफल होगा।

इस पुस्तक की विशेषता यही है कि इसे पाठकों के साथ–साथ विद्यार्थियों के लिए भी लिखा गया है।

अकसर ऐसा होता है कि कुशाग्र–से–कुशाग्र बुद्धि वाला छात्र भी परीक्षा में अव्वल नहीं आ पाता, क्योंकि वह अध्ययन करने के तौर–तरीक़ों को नहीं समझता। इस पुस्तक में न केवल सफल अध्ययन के बारे में विस्तार से बताया गया है, बल्कि इस बात की भी चर्चा की गयी है कि परीक्षा के अन्तिम दिनों में विद्यार्थियों को किस तरह से अपनी परीक्षाओं की तैयारियाँ करनी चाहिए और अव्वल कैसे आना चाहिए।

आशा है, यह पुस्तक विद्यार्थियों/पाठकों का मनोरंजन तो करेगी ही उनकी मानसिक क्षमता को बढ़ाने में भी सहायक होगी। प्रत्येक विद्यार्थी/पाठक के लिए उपयोगी अत्यन्त महत्त्वपूर्ण और उत्कृष्ट पुस्तक है यह– **'इम्प्रूव योर मेमोरी पॉवर'**।

–***प्रकाशक***

प्रस्तावना

प्रिय पाठकों!

यह पुस्तक मैंने विशेषतः आपके लिए लिखी है।

आप यह ज़रूर जानना चाहेंगे कि मैंने यह पुस्तक आपके लिए क्यों और किस वजह से लिखी?

आजकल बाज़ार में स्मरण–शक्ति बढ़ाने वाली पुस्तकों का अम्बार लगा हुआ है और लगभग सभी में एक ही बात घुमा–फिरा कर लिखी हुई है। मेरी बरसों से ख़्वाहिश थी कि मैं मेमोरी पॉवर पर एक ऐसी पुस्तक लिखूँ, जिसका फ़ायदा विद्यार्थियों के साथ–साथ एक आम पाठक भी उठा सके।

इसलिए मैंने इस पुस्तक को सरल व बोलचाल की भाषा में लिखा है। मुझे यक़ीन है कि अगर आप इस पुस्तक में बतायी गयी तकनीकों पर अमल करेंगे, तो आप अपनी स्मरण–शक्ति को दोगुनी–तिगुनी नहीं, बल्कि चौगुनी विकसित कर सकते हैं।

लेकिन इसके लिए आपको अपने मस्तिष्क पर विश्वास करना होगा। यदि आपको अपने मस्तिष्क पर पूरा भरोसा है, तो दुनिया की कोई भी ताक़त आपको असफलता की ओर नहीं ले जा सकती। आपको बस ज़रूरत है, अपने विश्वास को सकारात्मक (Positive) बनाने की। आप यक़ीन कीजिए, इस सकारात्मक (Negetive) विश्वास के सहारे आप कठिन–से–कठिन कार्य आसानी से करके अपने जीवन की ऊँचाइयों तक पहुँच सकते हैं। जबकि नकारात्मक विश्वास आपको केवल असफलता की ओर ले जाता है। नकारात्मक विचार सफलता के बीच एक ऊँची चट्टान के समान है, जो कभी–कभी हाथ आयी हुई बाज़ी को भी हाथ से निकाल देता है।

कोई भी व्यक्ति नकारात्मक विश्वास की दलदल में फँसकर अपने लक्ष्य तथा सफलता से दूर होता चला जाता है। आपको इसी दलदल से बाहर आकर सफलता के मध्य आने वाली बाधाओं से निजात पानी है। और, इसके लिए आपको निम्नलिखित बातों पर ध्यान देना होगा।

- आपको अपने मस्तिष्क को हमेशा यही निर्देश देना होगा कि आप सब कुछ कर सकते हैं। अगर आपको परीक्षाओं में अच्छे अंक प्राप्त करने हैं, तो आप अच्छे अंक पाकर ही रहेंगे।

➢ आपको अपने मस्तिष्क को हमेशा तनाव से दूर रखना होगा। असल में तनाव आपकी बहुत सारी शक्ति नष्ट कर देता है।

➢ किसी भी कार्य को करने से पहले आपको अपने मन में उस कार्य की सफलता के लिए विश्वास पैदा करना होगा। मैं आपको यक़ीन दिलाता हूँ कि आपकी यही भावना आपको सफलता दिलायेगी।

इसके अलावा यह बात भी आप ध्यान में रखें कि जब भी आप किसी कार्य को हाथ में लेते हैं या कोई समस्या सुलझाने की स्थिति में आ जाते हैं, तो अपने मस्तिष्क से विचार–विमर्श कीजिए और उसके उत्तम विचारों को जानने के बाद ही कोई उचित निर्णय कीजिए। याद रखिए, इन सब बातों पर ग़ौर करने के बाद उचित दिशा में उठाया गया सार्थक कदम आपको निश्चित रूप से सफलता दिलायेगा।

इस पुस्तक में इन सभी बातों पर गहराई से प्रकाश डाला गया है। मुझे उम्मीद ही नहीं, पूर्ण विश्वास है कि यह पुस्तक विद्यार्थियों को तो लाभान्वित करेगी ही, साथ–ही–साथ आम पाठकों की भी स्मरण–शक्ति बढ़ाने में मील के पत्थर की भूमिका निभायेगी।

इस पुस्तक के लेखन के लिए मैं 'वी एण्ड एस' पब्लिशर्स के युवा डायरेक्टर श्री साहिल गुप्ताजी का विशेष रूप से आभारी हूँ, जिन्होंने पाण्डुलिपि को पढ़कर कई ज़रूरी सुझाव दिये।

प्रस्तुत पुस्तक के विषय में आपके सुझावों का मुझे इन्तज़ार रहेगा।

–अरुण सागर 'आनन्द'

समर्पण

अरुणिमा को!
जिसकी मधुर स्मृतियाँ
हमेशा मेरे सृजनात्मक
लेखन की प्रेरणा–स्रोत रहीं!

विषय-सूची

भाग – 1

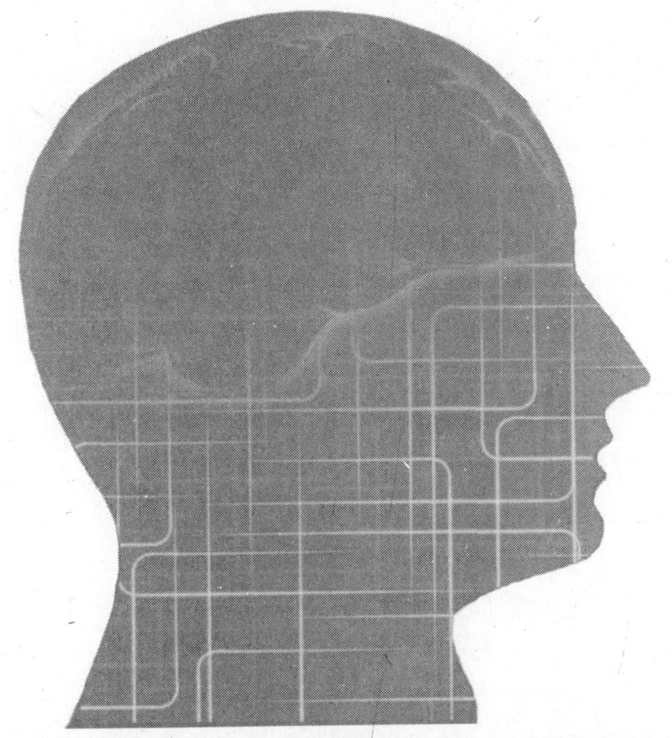

दिमाग की ताक़त कैसे बढ़ायें

अपने मस्तिष्क को पहचानें

मानव–मस्तिष्क एक पैराशूट की तरह है। जब तक वह खुला रहता है, तभी तक कार्यशील रहता है।

–लॉर्ड डेवन

मनुष्य के शरीर में मस्तिष्क ऐसी चीज़ है, जो किसी बन्धन को नहीं मानती।

–जवाहर लाल नेहरू

मनुष्य का मस्तिष्क बंजर खेत की तरह है। जब इसमें बाहर से मसाला नहीं आयेगा, इसमें कुछ पैदा नहीं हो सकता।

–रेनॉल्ड्स

प्रिय पाठकों! **"इम्प्रूव योर मेमोरी पॉवर"** क्लास रूम में आपका स्वागत है। आप यहाँ अपनी स्मरण–शक्ति विकसित करने के उद्देश्य से आये हैं। मैं आपको विश्वास दिलाता हूँ कि अगर आप मेरे द्वारा बतायी गयी तकनीकों पर बिना नागा किये अमल करेंगे, तो आपकी स्मरण–शक्ति, दोगुनी–तिगुनी नहीं, बल्कि चौगुनी विकसित हो जायेगी।

आपको यह जानकर बेहद हैरानी हो रही होगी कि मात्र एक किताब पढ़ने से आपकी स्मरण–शक्ति चौगुनी कैसे हो सकती है, जबकि आपने कई दिग्गज लेखकों की स्मरण–शक्ति बढ़ाने वाली महँगी पुस्तकें न केवल पढ़ी हैं, बल्कि उन्हें दिन–रात रट्टा लगाकर कण्ठस्थ भी किया हुआ है, फिर भी आप अपनी मेमोरी अपने मनमाफिक विकसित न कर सके।

प्यारे पाठकों! सच बात तो यह है कि कुछ पुस्तकें बाहर से देखने के लिए होती हैं और कुछ पुस्तकें अन्दर से झाँकने के लिए। कुछ पढ़ने के लिए और कुछ समझने के लिए। यह पुस्तक जो आपके हाथों में है, न केवल पढ़कर समझने के लिए है, बल्कि समझकर प्रयोग करने के लिए भी है। परन्तु आप इस पुस्तक में दी गयी विशेष मनोवैज्ञानिक विधियों का प्रयोग और सदुपयोग तभी कर पायेंगे, जब आप इसमें दिये गये अभ्यासों पर अच्छी तरह से अभ्यास करेंगे।

आज हम मस्तिष्क के बारे में चर्चा करेंगे, क्योंकि हमारी स्मरण–शक्ति को विकसित करने का कार्य मस्तिष्क ही करता है।

वास्तव में, हमारा मस्तिष्क प्रकृति की अनमोल देन है। यह मनुष्य की शक्तियों का भण्डार है। यह अद्भुत शक्ति आपको तभी मिल सकती है, जब आप इसका उपयोग करना सीख लेंगे। इसका इस्तेमाल करने से पहले आइए! हम एक नज़र इसकी कार्य–प्रणाली पर डालते हैं।

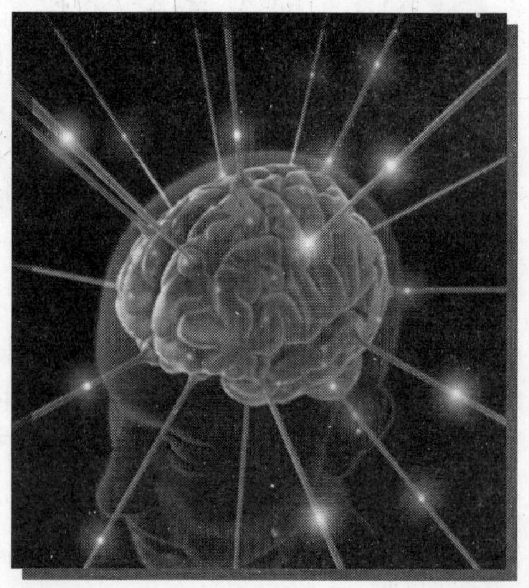

मस्तिष्क बहुत ही कोमल अंग है। यह आठ हड्डियों से बने एक कोष्ठ (खोपड़ी) में सुरक्षित रहता है। इसकी बनावट अखरोट से मिलती–जुलती है तथा इसका रंग भूरा होता है। इसके आगे–पीछे की लम्बाई लगभग 6 इंच तथा दायें–बायें की चौड़ाई लगभग 5 इंच होती है। पुरुष के मस्तिष्क का भार जहाँ लगभग 50–60 औंस होता है, वहीं स्त्री के मस्तिष्क का भार लगभग 45–50 औंस होता है।

संसार के सभी प्राणियों में मनुष्य का मस्तिष्क सबसे विकसित माना

गया है। इसमें लगभग 1000 खरब स्नायु–कोशिकाएँ होती हैं, जिन्हें 'न्यूरॉन' कहा जाता है। हमारा मस्तिष्क दो भागों में बँटा हुआ है। इन दोनों भागों को दायाँ व बायाँ गोलार्द्ध कहा जाता है। ये दोनों गोलार्द्ध तन्तुओं के माध्यम से आपस में जुड़े रहते हैं। हमारे शरीर से सम्बन्धित सभी क्रियाओं का विभाजन मस्तिष्क द्वारा ही किया जाता है। हमारे शरीर के बायें हिस्से का संचालन जहाँ मस्तिष्क का दायाँ गोलार्द्ध करता है, वहीं दायें भाग का संचालन बायाँ गोलार्द्ध करता है।

मस्तिष्क का बायाँ भाग जहाँ बोलने, तार्किक–विश्लेषण, गणना करने, सोचने का काम करता है, वहीं दाहिना भाग कल्पना, संगीत, शारीरिक–अभिव्यक्तियों, दुनिया को जानने, ज्यामिति गणित, और अन्य जटिल गणनाओं का काम करता है। दोनों भाग अलग–अलग होने के बावजूद भी 'कोरपस केलोमस' द्वारा आपस में मिलकर मनुष्य की हर गतिविधि का संचालन करते हैं।

मस्तिष्क के बारे में मैं आपको एक ख़ास बात और बता देता हूँ। असल में, दुनिया की अस्सी प्रतिशत आबादी का बायाँ मस्तिष्क सक्रिय है। इसकी वज़ह से दुनिया के ज़्यादातर लोग अपने काम दायें हाथ से करते हैं। दायें हाथ से काम करने की वज़ह से बायाँ मस्तिष्क सक्रिय रहता है। यही वज़ह है कि दुनिया के अधिकतर लोग एक ही तरह से सोचते और काम करते हैं।

दायें को एक्टिव करें

मस्तिष्क का बायाँ हिस्सा जहाँ आदेश देता है, शरीर को नियन्त्रित करता है और काम में निपुणता देता है, वहीं मस्तिष्क का दायाँ हिस्सा हमें आज़ादी, जोखि़म और परेशानी उठाने को उकसाता है। यदि आप सफलता की ओर बढ़ना चाहते हैं, तो अपने दाहिने मस्तिष्क को ज्यादा से ज्यादा सक्रिय करें।

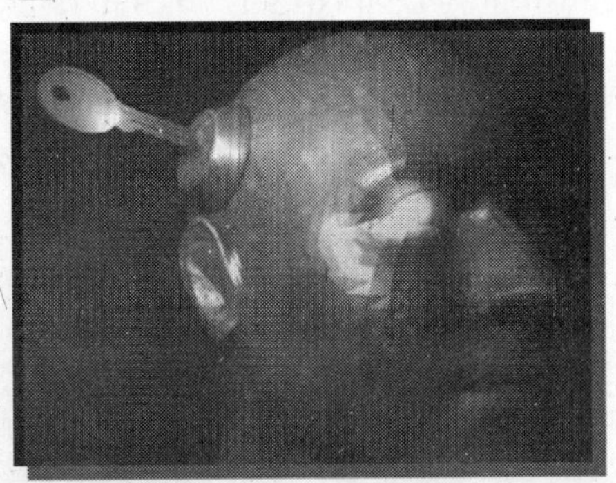

चेतन और अवचेतन मस्तिष्क

हमारे शरीर में होने वाली सारी क्रियाओं का नियन्त्रण चेतन और अवचेतन मस्तिष्क द्वारा ही किया जाता है। दोनों को हम कुछ निम्नलिखित बातों से समझ सकते हैं।

- ➢ हमारे दिल की धड़कन कौन नियन्त्रित कर रहा है?
- ➢ शरीर का ताप कौन नियन्त्रित कर रहा है?
- ➢ शरीर की श्वास गति को कौन नियन्त्रित कर रहा है?
- ➢ आँखों की पलकों को कौन झपका रहा है?

यह सब क्रियाएँ अवचेतन मस्तिष्क द्वारा की जाती हैं। इसके अलावा चाय पीना, पढ़ना–लिखना तथा अन्य शारीरिक कार्य चेतन मस्तिष्क करता है।

यहाँ आप यह जान लीजिए कि चेतन व अवचेतन दो मस्तिष्क नहीं हैं। यह एक ही मस्तिष्क में होने वाली दो गतिविधियाँ हैं। आप जो भी बातें अवचेतन मन में छोड़ते हैं, वह उसे उसी रूप में स्वीकार कर लेता है। यदि झूठी बातों को हमारा चेतन मन सच मान लेता है, तो वह उसी रूप में मान लेगा। इसलिए इस बात का आप हमेशा ध्यान रखें कि जब भी किसी बात को स्वीकार करें, तो अच्छी तरह से सोच–समझकर करें। वरना यह सोच देर–सबेर कभी भी आपको परेशान कर सकती है।

चेतन मस्तिष्क की तुलना में अवचेतन मस्तिष्क ज्यादा शक्तिशाली होता है। अवचेतन पर हमारा नियन्त्रण नहीं होता, फिर भी यह हमारे दैनिक जीवन की क्रियाओं, विचार–शक्ति तथा कल्पना को प्रभावित करता है। चेतन और अवचेतन मस्तिष्क में हमेशा द्वन्द्व चलता रहता है। अवचेतन मन हमेशा चेतन मन द्वारा उपजाये गये भ्रम व द्वन्द्व से खुद को दूर रखते हुए लगातार कार्य करता रहता है। अवचेतन हमारी जागृत अवस्था में ही नहीं, बल्कि सुप्त अवस्था में भी लगातार कार्य करता है। चेतन अच्छे–बुरे के बारे में सोचकर अपने कार्यक्षेत्र से हटने या उस पर बने रहने के लिए प्रेरित करता है।

आप जो–जो चाहते हैं, जिसे पाने की कामना करते हैं, उसके लिए अवचेतन मस्तिष्क को आदेश दें। वह वक़्त आने पर आपकी कामना अवश्य पूरी करेगा। अगर आप चाहते हैं कि आपकी स्मरण–शक्ति ख़ासी विकसित हो, तो आप अपने अवचेतन को बार–बार यह बात याद कराते रहें कि आपको अपनी स्मरण–शक्ति चौगुनी विकसित करनी है। तो आपका अवचेतन मस्तिष्क आपकी यह मनोकामना बड़े चमत्कारिक ढंग से अवश्य पूरी करेगा।

अवचेतन मन के बारे में मनोशास्त्री फ्रॉयड ने कहा है कि यह बर्फ के उस बड़े खण्ड के समान है, जो समुद्र में बहता रहता है, जिसका 1/10 भाग पानी के ऊपर और 9/10 भाग पानी के नीचे रहता है। इसी प्रकार हमारी चेतना का भाग बहुत छोटा है और अवचेतन मन का भाग काफ़ी बड़ा है।

हालाँकि आइसवर्ग का थोड़ा–सा भाग दिखायी देता है, फिर भी वह बड़े–बड़े जहाजों को चकनाचूर कर सकता है। इसी प्रकार चेतन मन में थोड़ी–सी ही अवचेतन क्रिया अप्रत्यक्ष रूप से दिखायी देती है, परन्तु उनमें इतनी शक्ति होती छिपी होती है कि वह बड़े–बड़े व्यक्तित्त्व को नष्ट कर देती है।

मस्तिष्क का व्यायाम-न्यूरोबिक्स

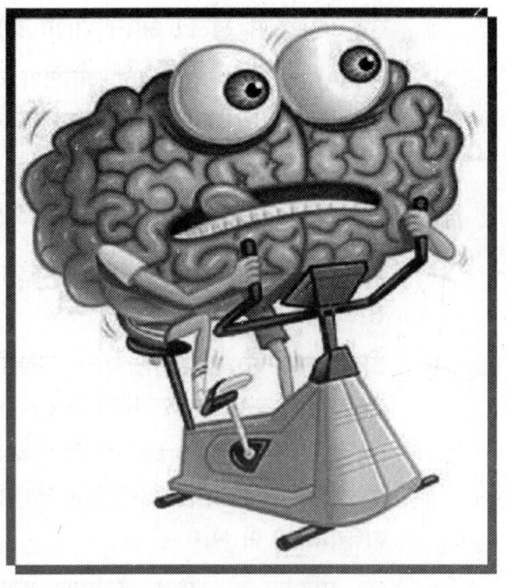

मस्तिष्क को हमेशा सक्रिय बनाये रखने के लिए व्यायाम की आवश्यकता होती है। मस्तिष्क को सक्रिय न रखा जाये, तो वह कमज़ोर और सख़्त हो जाता है। इससे आपके दिमाग़ के सोचने–समझने की शक्ति कम हो जाती है। साथ–साथ आइडिया (विचारों) का संचारण भी कम होने लगता है। तनाव और बोरियत (ऊब) बढ़ जाती है। उम्र बढ़ने के साथ भी मस्तिष्क की क्षमताएँ घटने लगती हैं। इन सबको रोकने का एक ही उपाय है–'न्यूरोबिक्स।'

न्यूरोबिक्स को मनोवैज्ञानिक मस्तिष्क का व्यायाम कहते हैं। जब विचारों और सोच का दायरा सिमटने लगता है, नये विचार और कल्पना मस्तिष्क में नहीं उपजते, तब न्यूरोबिक्स का सहारा लेना पड़ता है, ताकि मस्तिष्क के सभी अंग अच्छी तरह से काम करना शुरू कर दें।

न्यूरोबिक्स करने से आप अपने दिमाग़ में समायोजन (Adjustment), अनुकूलन (Adoption), सीखने की योग्यता (Ability to Learning), अर्मूत चिन्तन (Abstract thinking), समझ (Understanding), तथा विवेक (Wisdom) में सुधार पायेंगे।

मनोवैज्ञानिकों ने न्यूरोबिक्स के लिए कई सुझाव दिये हैं, जो बेहद सरल हैं। इन पर अमल करने के बाद आप अपनी मस्तिष्क–क्षमताओं को सारी उम्र पैना बना करके रख सकते हैं।

➢ अपनी आँखों में पट्‌टी बाँधकर या आँखें बन्द करके अपने कमरे में घूमें और वहाँ रखी चीज़ों को हाथों से छूकर महसूस करें।

➢ विभिन्न प्रकार के ताले और उनकी चाबियों का गुच्छा सामने रखें और आँखें बन्द कर लें। अब ताले को हाथ में लेकर चाबी के गुच्छे में से चाबी ढूँढकर ताले को खोलें।

- आँखें मूँद कर नहायें। शरीर को पोंछें, कपड़े बदलें। बाथरूम से निकलने तक आँखें बन्द करके रखें।
- भोजन की थाली आने के पहले आँखें बन्द कर लें। थाली सामने आने पर केवल सुगन्ध से पहचानें कि उसमें क्या–क्या रखा है। इसके बाद हाथ लगाकर पहचानें।
- कैरम, टेनिस, लूडो, शतरंज, टेबल टेनिस, बैडमिण्टन, ताश आदि के खेल उल्टे हाथ से खेलें। अपने साथी को भी ऐसा करने के लिए कहें।
- उल्टे हाथ से लिखने की कोशिश करें। चित्र बनायें। उल्टे हाथ से चम्मच से खाना खायें और उल्टे हाथ से लेन–देन के काम करें।
- उल्टे हाथ से बाल सँवारें।
- स्कूटर या मोटर–साइकिल पर दूसरी तरफ़ से बैठें।
- ब्रश करने, शेव करने, सब्ज़ी काटने, मोबाइल फ़ोन पर नम्बर डायल करते समय उल्टे हाथ का प्रयोग करें।
- टीवी, म्यूजिक सिस्टम, एयर–कण्डीशनर, रिमोट कण्ट्रोल चलाने के लिए उल्टे हाथ का ही इस्तेमाल करें।
- पहेलियाँ हल करें, शब्द–पहेलियाँ भरें, अन्त्याक्षरी खेलें, किसी भी प्रतियोगिता में हिस्सा लें। जनरल नॉलेज के सवाल–जवाब में हिस्सा लें। वाद–विवाद प्रतियोगिता में भाग लें।
- घर–परिवार के लोगों के साथ इशारे में बातचीत करें। न समझ में आये,

तो उन्हें इशारों से बार–बार समझाने की कोशिश करें। यह दिमाग़ को तेज़ करने का काफ़ी अच्छा उपाय है।

- दो गेंद लेकर एक साथ खेलें। दोनों हाथों में गेंद लेकर एक साथ उठा लें, उसे पकड़ें। टप्पे के साथ उसे उछालें और पकड़ें। इसे करने में शुरू–शुरू में दिक़्क़त होगी, लेकिन बाद में आपको अच्छा–ख़ासा अभ्यास हो जायेगा।
- मस्तिष्क को सक्रिय करने के लिए कोई नयी कला, नयी हॉबी या फिर नयी भाषा सीखें।
- उल्टी गिनती गिनें, उल्टे पहाड़े पढ़ें।
- पुस्तक को उल्टा करके पढ़ें।

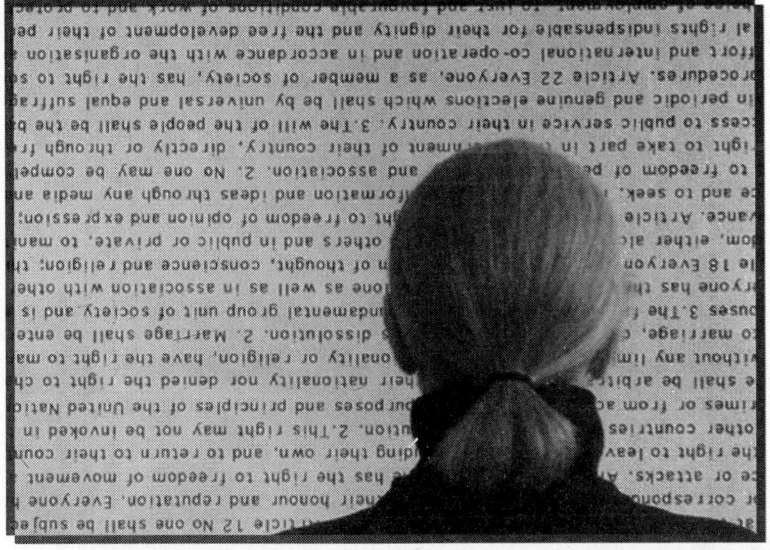

- पूर्व परिचित अपने दस लोगों के नाम व उनके चेहरे आँखें बन्द करके याद करें। उसे लिख लें। ऐसा हर दिन करें। इस बात का ध्यान रखें कि जब नाम व चेहरा याद करें, वह हर बार नये होने चाहिए।
- किसी की नकल करें। एंकर बनकर टीवी–प्रोग्राम प्रस्तुत करें। किसी का इण्टरव्यू लें।
- टीवी पर प्रसारित होने वाले जिंगल याद करें। उस जिंगल पर आधारित अपने मन से नयी जिंगल बनायें।
- पुरानी बातों को याद करें। कब आइसक्रीम खायी थी? कब गोल–गप्पों का स्वाद चखा था? घूमने के लिए कहाँ गये थे और वहाँ आपने क्या–क्या किया था। दिल्ली में तेज़ बारिश व कड़ाके की सरदी कब–कब हुई थी।

ध्यान रखें

- ➢ न्यूरोबिक्स का जितना अभ्यास करेंगे, उतना ही आपका दिमाग़ तेज़ होगा।
- ➢ न्यूरोबिक्स के अभ्यास में जल्दबाज़ी न करें। इनसे आपको लाभ तभी मिलेगा, जब आप इन्हें नियमित रूप से समय देकर करेंगे।
- ➢ वास्तव में, न्यूरोबिक्स में परफ़ैक्ट होने के लिए धैर्य की जरूरत होती है। मस्तिष्क की तह तक पहुँचने में थोड़ा वक़्त लगता है। सिर्फ़ एक ही प्रयास से विचलित न हो जायें। अभ्यास जारी रखें।

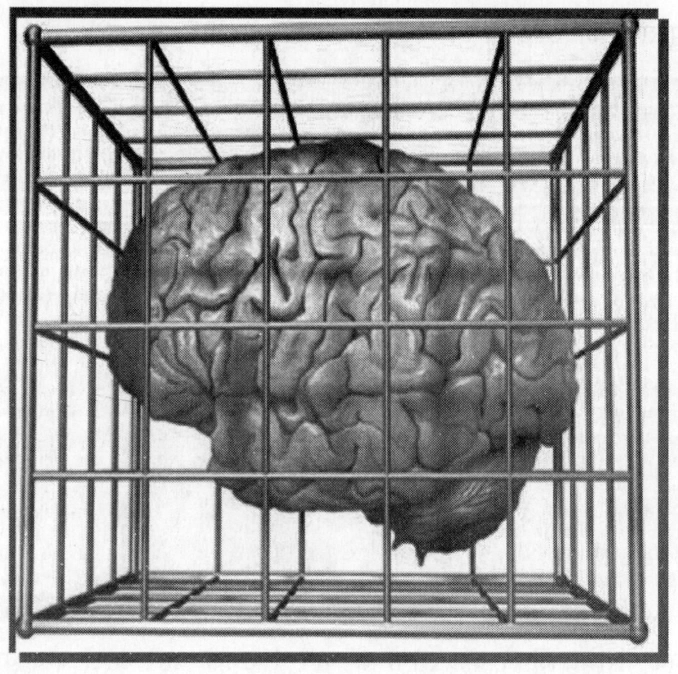

***

सीखने की कला कैसे विकसित करें?

मनुष्य सफलता से कुछ नहीं सीखता, विफलता से बहुत कुछ सीखता है।

—अरबी लोकोक्ति

यदि मनुष्य सीखना चाहे, तो उसकी हर भूल उसे कुछ शिक्षा दे सकती है।

—महात्मा गाँधी

शिक्षा का मतलब केवल पढ़ना—लिखना, सीख लेना ही नहीं है। इसका मतलब है, व्यक्तित्व का विकास। इसके बिना मनुष्य उन्नति की चोटी पर नहीं पहुँच सकता।

—स्वेट मार्डेन

प्रिय पाठकों! स्मरण—शक्ति बढ़ाने में आपके सीखने की कला का बहुत महत्त्वपूर्ण योगदान होता है। ज़ाहिर—सी बात है कि जब तक आप किसी चीज़ को समझेंगे नहीं, फिर उसे कैसे याद रख पायेंगे। इसलिए आज हम सीखने की कला के बारे में चर्चा करेंगे। मुझे पूरा यक़ीन है कि यह कला आपकी मेमोरी पॉवर को चौगुनी करने में अहम भूमिका निभायेगी।

अगर हम सीखने की परिभाषा को जानना चाहें, तो हमारे सामने यही बात आयेगी कि जिस काम को हम आज नहीं कर सकते, उसे हम कल करना जान लेते हैं, तो इसे 'सीखना' कहा जाता है। ज़रा सोचिए, यदि सीखने की क्रिया नहीं होती, तो हम अपने जूते समय पर नहीं पहन पाते, कपड़ों के बटन बन्द करने में घण्टों लगाते, बाज़ार जाते, परन्तु घर लौटते समय रास्ता भूलकर कहीं और पहुँच जाते। इस संसार में खेल—कूद तथा कुश्ती के दंगल नहीं हो पाते, मेले नहीं लग पाते, मकान नहीं बन पाते और मानव—संस्कृति का

निर्माण नहीं हो पाता। इसलिए हमारा सीखने की कला को जानना बहुत ज़रूरी है।

मनोवैज्ञानिकों ने सीखने की तीन विधियाँ मानी हैं–

1. प्रयत्न और भूल के द्वारा सीखना (Learning by trial and error)
2. सूझ के द्वारा सीखना (Learning by Insight)
3. अनुकरण के द्वारा सीखना (Learning by Imitation)

अब हम इन तीन विधियों के बारे में थोड़ा विस्तार से जानने की कोशिश करते हैं।

प्रयत्न और भूल

यह विधि हमें यह बताती है कि मानों हम किसी कार्य को बिना सोचे–समझे कर रहे हों और कुछ देर के बाद ही हमारी कोई क्रिया ऐसी हो जाये, जो हमें सफलता प्रदान करे, तो इस प्रकार का सीखना 'प्रयास' और 'भूल' का सीखना कहा जायेगा। उदाहरण के तौर पर यदि हम किसी ताले को खोलना चाहते हैं, परन्तु उसकी चाबी नहीं पहचान पाते। ऐसी स्थिति में गुच्छे में जितनी चाबियाँ होती हैं, हम ताले में डालकर ताला खोलने की कोशिश करते हैं। कुछ कोशिशों के बाद हमें सफलता मिल जाती है और हम ताला खोलने में सफल रहते हैं।

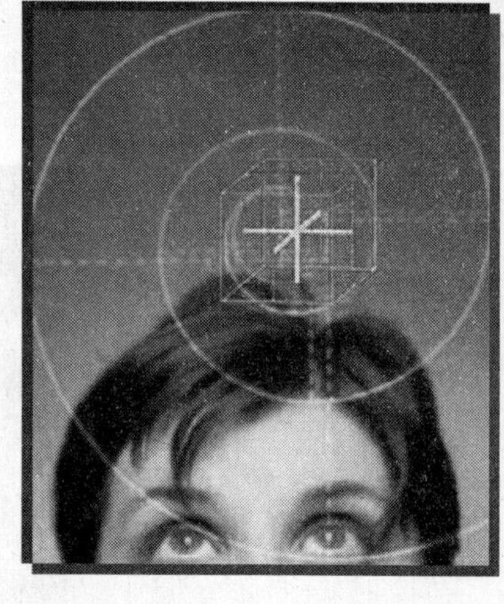

यदि हम इसी क्रिया को बार–बार दोहरायें, तो हमें हर बार कुछ कोशिशों के बाद सफलता मिल जाती है और हम सही चाबी का प्रयोग करना सीख लेते हैं। साथ–ही–साथ यदि हम इसका रिकॉर्ड बनाते जायें, तो पता चलेगा कि ज्यों–ज्यों हमारा अभ्यास बढ़ता जाता है, हम कम प्रयासों में ही सही चाबी ढूँढ़ निकालते हैं और अन्त में एक ही प्रयास में ताला खोल सकते हैं। इसी भूल और प्रयास के द्वारा सीखने की क्रिया सफल होती है।

सूझ के द्वारा सीखना

इसे हमारी तीसरी आँख यानी कि 'अन्तर्दृष्टि' (Insight) के द्वारा सीखना भी कहा जाता है। जब हम किसी परिस्थिति अथवा किसी मुश्किल को अच्छी तरह समझ लेते हैं और तर्क–वितर्क के द्वारा उसका समाधान ढूँढ़ लेते हैं, तो यह 'सूझ के द्वारा सीखना' कहा जाता है। दूसरों शब्दों में हम कह सकते हैं कि समझ के आधार पर सीखना ही सूझ के द्वारा सीखना होता है। इस प्रकार के सीखने

में हम अपने पहले के अनुभवों को भली–भाँति मिलाकर नयी स्थितियों में काम कर सकते हैं। मान लीजिए, हमें एक ऐसी जगह पर जाना है, जिसकी दूरी लगभग 200 किलोमीटर है। वहाँ हमें कल शाम के पहले ही पहुँचना है। ऐसी स्थिति में हम रेलवे टाइम–टेबल देख डालते हैं। इण्टरनेट से उसके बारे में जानकारी लेते हैं और यह जान लेते हैं कि वहाँ कौन–सी गाड़ी या बस हमें समय से पहले पहुँचा सकती है। हमारे इसी प्रयास को सूझ के द्वारा सीखना कहा जाता है।

अनुकरण के द्वारा सीखना

आज बहुत से मनोवैज्ञानिक अनुकरण की विधि को सबसे प्रधान बताते हैं। वास्तव में, अनुकरण एक प्रकार की सामाजिक क्रिया है। आज का युग समाज–प्रधान युग है। अनुकरण के क्रिया की शुरुआत समाज के सम्पर्क में आने के बाद ही सम्पन्न होती है। कुछ विद्वानों के अनुसार पूरे समाज का ढाँचा अनुकरण पर ही आधारित है। अनुकरण का अर्थ है–'किसी को देखकर वैसा ही कार्य करना।' मनुष्य समाज में रह–रहकर रीति–रिवाजों, परम्पराओं, लोक–रीतियों आदि का पालन अनुकरण के आधार पर ही करता है। इसलिए समाज की छाप व्यक्ति के व्यक्तित्व में स्पष्ट रूप से झलकती है। प्रत्येक समाज की संस्कृति पीढ़ी–दर–पीढ़ी अनुकरण के आधार पर ही आगे बढ़ती है।

सीखने के नियम (Laws of Learning)

सीखने के तीन नियम हैं–

1. तत्परता का नियम (Law of Readiness)
2. अभ्यास का नियम (Law of Exercise) तथा
3. प्रभाव का नियम (Law of Effect)

तत्परता का नियम

'तत्परता' सीखने का मुख्य आधार है। जो शरीर सीखने के लिए जितना तैयार होगा, वह उतना ही तेज़ी से सीखता है। जब शरीर तत्परता की स्थिति में होता है, तो वह सामग्रियों को तत्काल ग्रहण कर लेता है। परीक्षाओं के दिनों में विद्यार्थी अपना विषय सीखने के लिए तत्पर होते हैं। वे थोड़ा–सा बता देने पर ही याद कर लेते हैं।

अभ्यास का नियम

'अभ्यास' सीखने का महत्त्वपूर्ण आधार है। जिन कार्यों का हम अभ्यास करते हैं, उन्हें हम सीख लेते हैं तथा जिन कार्यों का हम कभी अभ्यास नहीं करते, उन्हें भूल जाते हैं या सीख नहीं पाते।

प्रभाव का नियम

इसे सन्तोष तथा असन्तोष का नियम भी कहा जाता है। जो क्रियाएँ हमें सन्तोष देती हैं, उन्हें हम कम बार दोहराने पर भी सीख लेते हैं और जो क्रियाएँ हमें असन्तोष देती हैं, उन्हें बार–बार दोहराने के बाद भी हम सीख नहीं पाते।

सीखना कई परिस्थितियों पर आधारित है। सीखने की उत्पत्ति केवल एक परिस्थिति द्वारा नहीं होती। जब तक आदमी किसी चीज़ को सीखने के योग्य नहीं है, वह नहीं सीख सकता। केवल योग्यता के द्वारा भी नहीं सीखा जा सकता। योग्यता के साथ–साथ इच्छा और परिश्रम का होना भी अनिवार्य है। कोई विद्यार्थी कितना भी प्रतिभाशाली क्यों न हो, बिना पढ़े वह परीक्षा में अच्छे अंक प्राप्त नहीं कर सकता। अभ्यास के साथ ही उसे अपनी क्रियाओं के द्वारा सन्तोष होना चाहिए। असन्तोष के कारण काम पूरा नहीं हो पाता। ऐसे कई आधार है, जिन्हें सीखने के अंग (Factors) कहा जाता है।

आप सीखने की कला में अच्छी तरह से माहिर हो जायें, इसके लिए मैं आपको सीखने के अंगों के बारे में भी बता देता हूँ।

वंश-परम्परा (Heridity) : वंश–परम्परा के द्वारा व्यक्ति के शारीरिक आकार तथा उसकी योग्यता का पता चलता है। जिस प्रकार का स्नायुमण्डल, शारीरिक आकार तथा बुद्धि, संवेग आदि की मानसिक क्रियाएँ व्यक्ति में होती हैं, उसी प्रकार की क्रियाओं को वह सीखने में सक्षम रहता है।

प्रेरणा (Motivation) : हर इनसान में दैहिक, सामाजिक तथा व्यक्तिगत प्रेरणाएँ पायी जाती हैं। जब सीखने की क्रिया किसी प्रेरणा के साथ जुड़ जाती हैं, तब उसकी प्राप्ति शीघ्रता से होती है। दण्ड, पुरस्कार, प्रशंसा, डाँट, आत्मसम्मान, भूख, प्यास इत्यादि प्रेरणाओं के ही अंग हैं।

इच्छा शक्ति (Will to learn) : हम जिस कार्य के प्रति जितना अधिक सचेत होते

हैं, उसे उतना ही शीघ्रता से सीख लेते हैं।

पुनरावृति (Repition) : दोहराना सीखने का आवश्यक अंग है। यदि हम बिना किसी उद्‌देश्य के ही वस्तु को दोहराते रहेंगे, तो हम कुछ भी नहीं सीख सकेंगे। साथ–ही–साथ बिना दोहराये सीखना प्रारम्भ नहीं होता। किसी वस्तु को सीखने के लिए कम–से–कम एक बार दोहराना ज़रूरी है।

फल का ज्ञान (Knowledge of Result) : किसी भी काम को सीखने के लिए कोई–न–कोई उद्‌देश्य ज़रूर होता है। जब आदमी कोई कोशिश करता है और जब उसकी कोशिश बेक़ार हो जाती है, तो उस आदमी का उत्साह टूट जाता है। इसलिए हमें चाहिए कि हम अपनी हर कोशिश के फल के बारे में ज़रूर जानें और उसी चीज़ को सीखें, जो हमें अच्छा फल दे सकती है।

सीखने की कला विकसित करने के लिए कुछ सुझाव

- हम कोई भी चीज़ उसी समय सीख सकते हैं, जब हमारा मन–मस्तिष्क उसे सीखने के लिए तैयार होता है। याद रखिए, आप घोड़े को नदी के किनारे तक ले जा सकते हैं, लेकिन उसे जबरन पानी नहीं पिला सकते। इसलिए किसी भी नयी चीज़ को सीखने के लिए हमेशा तैयार रहिए।
- जिन कार्यों का हम अभ्यास करते रहते हैं, उन्हें जल्दी से सीख लेते हैं, इसलिए कोई भी चीज़ सीखने के बाद हमें उसका अभ्यास अवश्य करना चाहिए।
- कोई नयी चीज़ सीखते समय हमारे सामने कई प्रकार की अड़चनें आती हैं, जैसे आलस्य, डर, दिशा–निर्देश एवं धन की कमी। यदि हम डटकर इन

अड़चनों का सामना कर लें, तो ये अड़चनें अपने आप कम होती जायेंगी। इसलिए कुछ भी नया सीखते समय इन बाधाओं का सामना करने के लिए तैयार रहिए।

- ➢ क्या आपने किसी लुहार को अपनी बाँहों को मज़बूत करने के लिए व्यायामशाला में जाते देखा है? नहीं देखा होगा, क्योंकि बाँहें मज़बूत करने के लिए लुहार का लोहा कूटना ही काफ़ी होता है। इसी प्रकार किसी अकाउण्टेण्ट पर नज़र डालेंगे, तो वह आपको हिसाब–किताब में बिलकुल परफ़ैक्ट दिखायी देगा, क्योंकि हिसाब–किताब करना उसकी आदत जो बन गयी है।
- ➢ सीखने का कोई अन्त नहीं है। यह न समझें कि आपने सब कुछ सीख लिया है। हम जितना अधिक देखते, सुनते या महसूस करते हैं, उतने ही हमारे अनुभव बढ़ते हैं। इसलिए सीखने की क्रिया को सतत मानते हुए आप हर नयी बात सीखने के लिए तैयार रहिए।
- ➢ जब किसी चीज़ को सीखते समय हमें खुशी मिलती है, तब हम उस चीज़ को आसानी से सीख लेते हैं, इसलिए आपको चाहिए कि नये प्रयोगों को करते समय व नये विचारों को प्रयोग में लाते समय आनन्द का अनुभव करें।

❋❋❋

अवलोकन-शक्ति कैसे विकसित करें?

अर्जुन! आँख के सामने सदा अपना लक्ष्य रखो। सफल होओगे।

—गुरु द्रोणाचार्य

आँखों देखी और विचार करके की गयी योजना सदा सफल होती है।

—प्लेटो

अवलोकन यानी ऑब्ज़र्वेशन (Observation)। किसी भी चीज़ का विश्लेषण और संश्लेषण मानसिक क्रिया का एक महत्त्वपूर्ण हिस्सा है। मस्तिष्क हमेशा दो तरह से काम कर रहा होता है। पहला ध्यान देना और दूसरा अनावश्यक तत्त्वों पर ध्यान न देना। इसी तरह किसी चीज़ को याद रखना या याद नहीं रखना।

अवलोकन करने की आदत यदि अच्छी हो, तो आप उन सब बातों को अच्छे तरीक़े से समझ सकते हैं या पकड़ सकते हैं, लम्बे समय तक याद रख सकते हैं। अकसर देखा गया है कि लोग अवलोकन की प्रक्रिया पर विशेष गौर नहीं करते हैं। इसके लिए वे अपनी पूर्व धारणाओं को छोड़ना पसन्द नहीं करते और इस प्रकार ग़लतियाँ कर बैठते हैं।

नीचे लिखे वाक्य को आप एक बार पढ़िए–

TO BE FILLED

IN THE

THE PASSENGER

आपने इसे क्या पढ़ा–

TO BE FILLED IN THE PASSENGER

एक बार फिर से आप ध्यान से पढ़ें–

TO BE FILLEG IN THE PASSENGER या

TO BE FILLED IN THE THE PASSENGER

बहुत कम लोग होते हैं, जो किसी भी वाक्य को सही तरीक़े से अवलोकन करते हैं। देखा गया है कि कई बार पढ़ने के बावजूद भी वह दो बार लिखे 'The' को नहीं पढ़ पाये। वे ऐसा हर बार करते हैं। उनकी यह ग़लती उन्हें किसी भी बात को सोचने–समझने में पीछे रखती है।

मनोवैज्ञानिकों का मानना है कि जिनकी ऑब्जर्वेशन की प्रक्रिया तेज़ नहीं है, उनका ब्रेन (मस्तिष्क) उतना तेज़ नहीं होता है। उनके सोचने व समझने की गति कम होती है। ब्रेन पॉवर की गति को बढ़ाने के लिए अवलोकन यानी ऑब्जर्वेशन की प्रक्रिया तेज़ करना ज़रूरी है।

अवलोकन–शक्ति विकसित करने का एक तरीक़ा यह भी है कि आप प्रत्येक वस्तु को बड़े ध्यान से देखें। वास्तव में होता यह है कि जब हम किसी वस्तु को ध्यान से नहीं देखते, बाद में हम उसे ठीक ढंग से याद भी नहीं रख पाते। इसलिए किसी भी वस्तु के अवलोकन के लिए आप बेशक समय लें, लेकिन उसका अवलोकन पूर्ण एकाग्रता के साथ करें।

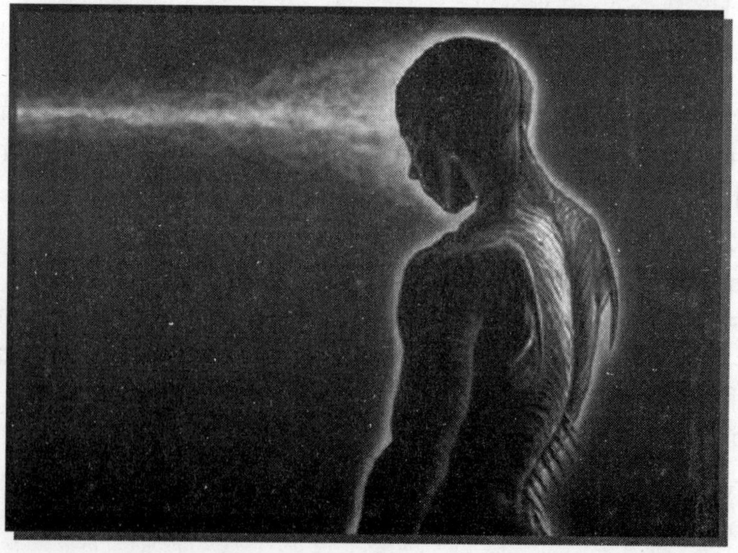

आइए! अब एक अभ्यास करते हैं–

थोड़ी देर के लिए आप यह पुस्तक पढ़ना बन्द कर दीजिए और कागज़–क़लम लेकर बैठ जाइए। अपने आस–पास देखे बिना आप कागज़ पर यह दर्ज करें कि आपके कमरे में क्या–क्या सामान है। आपको प्रत्येक वस्तु को नोट करना है। यहाँ तक कि स्टोर में पड़ी बेकार की वस्तुओं को भी ।

लिस्ट तैयार होने के बाद आप इसे चैक कीजिए।

आपको यह जानकर बड़ी हैरानी होगी कि लिस्ट में आप कई चीज़ों को दर्ज करना भूल गये हैं, जबकि ये चीज़ें दिन में आपकी आँखों के सामने कई बार गुज़रती हैं।

अवलोकन–शक्ति विकसित करने का अन्य तरीक़ा यह है कि आप प्रत्येक वस्तु की गहराई में जायें, अर्थात् उसका विश्लेषण करें, यानी कि ग़ौर से देखें।

उदाहरण के लिए आप अपना ध्यान एक मेज पर केन्द्रित कर दीजिए। इसके उद्गम के बारे में अनुमान लगाइए। सोचिए, इसका इतिहास क्या हो सकता है? यह किस चीज़ से बनी है? इसका उपयोग क्या है? इसका भविष्य क्या हो सकता है?

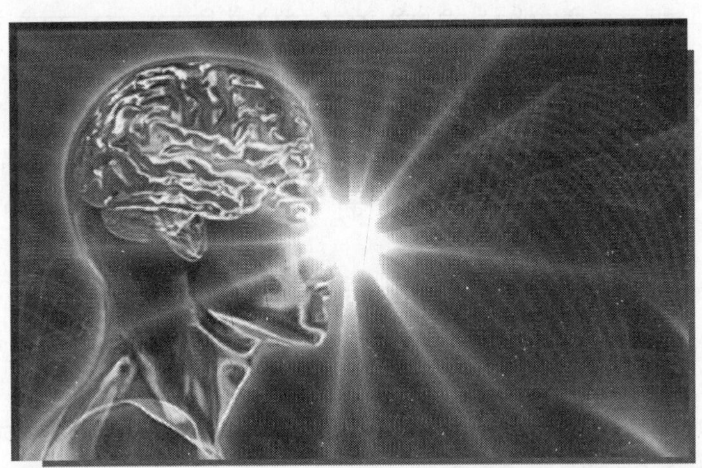

कहने का मतलब यह है कि आपको वस्तु का विस्तृत विश्लेषण करते हुए पाँच प्रश्नों के जवाब ढूँढ़ने हैं–

1. इस चीज़ का उद्गम क्या रहा होगा?
2. इसका इतिहास क्या होगा?
3. इसमें किस प्रकार की सामग्री पायी जाती है या फिर यह किस चीज़ का बना है?
4. इसके क्या–क्या उपयोग हैं और...
5. इसका भविष्य क्या होगा?

इस प्रकार से आप अन्य वस्तुओं जैसे जूते, कपड़े, सोना, चाँदी, सौन्दर्य–प्रसाधन आदि पर अपना ध्यान केन्द्रित करके अच्छी तरह से अभ्यास कीजिए। कुछ दिनों बाद आप अपनी ऑब्जर्वेशन पॉवर को निश्चित रूप से विकसित होते हुए पायेंगे।

ऑब्जर्वेशन पॉवर विकसित के लिए कुछ अभ्यास

निम्नलिखित प्रश्नों के उत्तर दीजिए–

➢ आपके शरीर में कितनी मात्रा में खून है?

➢ खाने, सोने, आराम करने, खेलने, टीवी देखने तथा पढ़ने में आप कितना समय व्यतीत करते हैं?

➢ अपनी आमदनी का आप कितना पैसा फ़िल्म देखने, सर्कस देखने या फिर मेला देखने में ख़र्च करते हैं?

➢ अगर आप उपन्यास पढ़ते हैं, तो उसे पढ़ने में कितना समय लगाते हैं?

➢ आपके कमरे में पेण्ट करने में कितना ख़र्चा आयेगा और कितना समय लगेगा?

➢ आप एक किलोमीटर की दूरी पैदल चलने में कितना वक़्त लगाते हैं।

➢ जिराफ़ का वज़न कितना होगा?

➢ आपके दिमाग़ का वज़न कितना होगा ?

➢ आपकी गर्लफ्रेण्ड/पत्नी/मंगेतर तैयार होने में कितना वक़्त लगाती है?

➢ आपके घर से आपके कार्यालय की दूरी आपके क़दमों के हिसाब से लगभग कितनी होगी?

➢ आप ज़्यादा से ज़्यादा कितना वज़न उठा सकते हैं?

➢ अपनी आँखों पर पट्टी बाँधकर आप साइकिल चलाकर कितनी दूरी तय कर सकते हैं?

➢ अपनी एक टाँग पर भाग–भाग कर आप कितनी दूरी तय कर सकते हैं?

➢ पूरे दिन में आप कितनी बार पलकें झपकाते होंगे?

निम्नलिखित कार्यों को सम्पन्न करने के लिए आपको क्या–क्या क़दम उठाने पड़ेंगे। साथ ही इनमें ख़र्चा कितना आयेगा, इसकी एक सूची बनायें–

➢ एक बढ़िया–सा लैपटॉप।

➢ एक विदेशी कुत्ते को पालने और ट्रेनिंग देने में।

➢ शिकागो की सैर करने के लिए।

➢ जापानी भाषा सीखने के लिए।

➢ अपना घर बनवाने के लिए।

- अपनी सुरक्षा के लिए एक रिवॉल्वर ख़रीदने के लिए।
- 26 जनवरी के शुभ अवसर पर एक सांस्कृतिक कार्यक्रम आयोजित करने के लिए।
- एक नया अख़बार या मैगज़ीन निकालने के लिए।
- एक फाइव स्टार होटल बनवाने के लिए।
- एक महँगे शोरूम के रेनोवेशन (पुनःनिर्माण) के लिए।

***

कल्पना–शक्ति कैसे विकसित करें?

कल्पना विश्व पर शासन करती है।

–नेपोलियन

कल्पना ज्ञान से भी अधिक महत्त्वपूर्ण है।

–आइंस्टीन

सभी महान् वैज्ञानिक आविष्कारों की खोज में संयत कल्पना का वास रहा है।

–के. पियर्सन

कल्पना की चादर बराबर बुनते रहो। चादर न सही, रूमाल तो बन ही जायेगा।

–शेक्सपियर

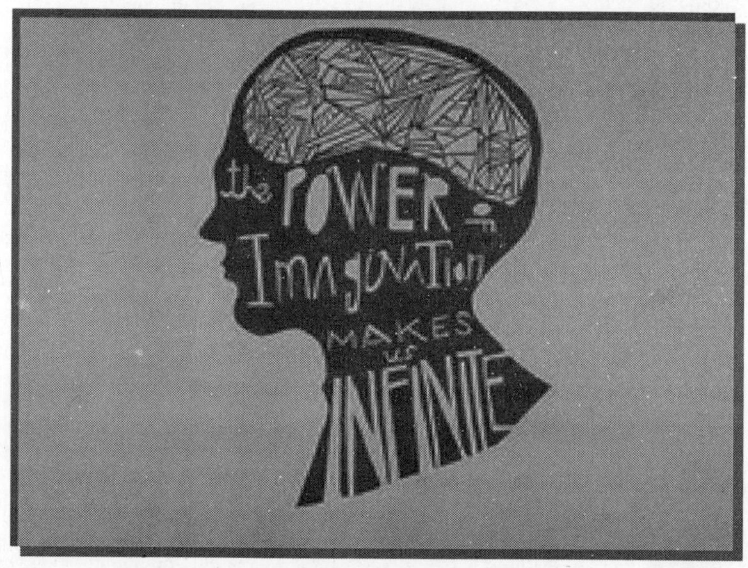

प्रिय पाठकों! इसमें कोई सन्देह नहीं कि कल्पना–शक्ति किसी चमत्कार से कम नहीं है। इस संसार में जिसने भी बड़े–बड़े काम किये हैं, उनकी कल्पना–शक्ति बेहद प्रखर थी। यदि हम विश्व के इतिहास पर नज़र डालेंगे, तो पायेंगे कि हर महत्त्वपूर्ण खोज, हर आविष्कार, हर कारनामा, कल्पना के घौड़े दौड़ाने वालों की देन थी। ऐसे लोग कल्पना में ही अपनी इच्छाओं की पूर्ति के चित्र अपने सामने रख लेते थे और फिर उसे साकार करने में जुट जाते थे।

मस्तिष्क को सक्रिय करने में कल्पना का अद्‌भुत योगदान होता है। कल्पना मस्तिष्क के लिए एक प्रकार की खाद है, जिसके द्वारा मस्तिष्क की कार्य–क्षमता, कुशलता, कौशलता को बढ़ाया जा सकता है। बिना कल्पना के किसी नयी खोज या परिणाम को हासिल करना मुश्किल है।

आपकी काल्पनिक–शक्ति जितनी अधिक रचनात्मक होगी, आपका मस्तिष्क उतना ही अद्‌भुत होगा। इसका प्रभाव यहाँ तक देखा गया है, आप जो बनने की कल्पना करते हैं, आप वही बन जाते हैं। जैसा सोचते हैं, वैसा ही करते हैं।

इस बात को साबित करने के लिए मैं आपके सामने 'अनु' का उदाहरण रखता हूँ–

'अनु' की गिनती कॉलेज की प्रतिभाशाली छात्राओं में की जाती थी। उसके कई गुण थे, लेकिन उसका एक अवगुण, (जिसे कमी कहना ज़्यादा बेहतर होगा) यह था कि भाषण– प्रतियोगिता में भाग लेने के विचार से ही वह सिहर उठती थी। उसे विषय का पूरा ज्ञान होता था, लेकिन लोगों के सामने बोलने में उसे बहुत घबराहट होती थी। उसकी इस कमी को दर करने के लिए एक मनोवैज्ञानिक ने उसे 'दृश्य पूर्व प्रयोग' (Scene Rehersal) की विधि बतायी। इस विधि के अनुसार अनु ने कल्पना के आधार पर अपनी आँखों के सामने वह दृश्य लाने शुरू कर दिये, जब वह बोलने के लिए स्टेज पर खड़ी होगी। अपनी मानसिक–कल्पना के आधार पर उसने देखा कि वह सुगमता से भाषण कर रही है और सुनने वाले मन्त्रमुग्ध होकर उसके भाषण को सुन रहे है, साथ–साथ उसकी सराहना भी कर रहे हैं। 'अनु' ने इस कल्पना का अभ्यास दिन में तीन–चार बार किया और बाद में जब उसने लोगों के सामने अपना असली भाषण दिया, तो उसके चेहरे पर घबराहट का एक क़तरा भी नहीं था। उसने बड़े आत्मविश्वास से अपनी बात पूरी की, तो सारा

हाल तालियों की गड़गड़ाहट से गूँज उठा।

'अनु' की सहेलियों ने जब उससे उसकी कमी का रहस्य जानना चाहा, तो उसने सिर्फ़ इतना ही कहा–'कल्पना' आत्मा का नेत्र है।'

वास्तव में 'कल्पना' में अद्‌भुत ताक़त होती है। यह हमारे दिमाग़ को वह खुराक देती है, जिससे हमारा दिमाग़ रचनात्मक कार्य कर पाने में सक्षम रहता है। कल्पना का संसार आपका अपना संसार है।

आप किसी भी समय अपने इस संसार में प्रवेश कर सकते हैं, नाच–कूद सकते हैं। विचरण कर सकते हैं, पैर पसारकर बड़े इत्मीनान से सो सकते हैं। कहने का मलतब है कि कल्पना की वज़ह से हमारी सारी मानसिक–शक्तियाँ विकसित होती हैं।

जैसे हर चीज़ के दो पहलू होते हैं, ठीक उसी तरह कल्पना के दो पहलू हैं–सकारात्मक (Positive) और नकारात्मक (Negative)। सकारात्मक पहलू से हम वाकिफ़ हो ही चुके हैं, अब हम इसके नकारात्मक पहलू के बारे में भी जान लेते हैं। कल्पना जब हद से ज़्यादा बढ़ जाती है, तब यह दिवास्वप्न का रूप धारण कर लेती है और दिवास्वप्न देखने वाला मनुष्य कल्पना और यथार्थ में अन्तर नहीं कर पाता। वह अपने कल्पना के संसार में इतना रम जाता है कि उसे वास्तविक दुनिया रंगहीन दिखायी देने लगती है। अन्त में होता यह है कि उसका वास्तविकता से नाता टूट जाता है और वह अपना मस्तिष्क का सन्तुलन गँवा बैठता है। इसलिए हमें दिवास्वप्नों का त्याग करके स्वस्थ कल्पना करनी चाहिए।

मनोवैज्ञानिकों के अनुसार स्वप्नों व दिवास्वप्नों के अन्तर को समझकर यदि कल्पना की जाये, तो इससे मनुष्य के आत्मविश्वास में तो वृद्धि होती ही है, साथ ही साथ मस्तिष्क की सोचने–समझने की क्षमता भी दोगुनी हो जाती है।

हमारी कल्पना कैसी हो? इस सवाल का जवाब जानने के लिए हम कल्पना को दो भागों में बाँट लेते हैं। पहली कल्पना को हम नाम देते हैं, 'मुक्त कल्पना' और दूसरी कल्पना को नाम देते हैं–'नियन्त्रक कल्पना।'

हम अपनी कल्पना में जिस सजीवता या शोख़ी का रंग भर देते हैं, वह 'मुक्त कल्पना' कहलाती है। जिस कल्पना द्वारा हम मुक्त कल्पना पर नियन्त्रण करते हैं, उस कल्पना को 'नियन्त्रक कल्पना' कहा जाता है।

वास्तव में हमारी कल्पना जितनी अधिक सजीव और स्पष्ट होगी, हम उतना ही इससे अधिक लाभ उठा सकेंगे। आपकी कल्पना कितनी सजीव है? आइए! इसकी जाँच करते हैं।

कल रात को आपने खाना तो खाया होगा? अब आप इस पुस्तक को बन्द कर

दीजिए और वह दृश्य अपनी कल्पना में लाइए, जब आप खाना खा रहे थे।

अब आप निम्नलिखित सवालों के जवाब हाँ या न में दीजिए–

- आपकी कल्पना रंगीन थी ?
- आपकी कल्पना कहीं ब्लैक एण्ड व्हाइट टीवी की तरह काली–सफ़ेद तो नहीं थी?
- भोजन करते समय आपने क्या–क्या खाया था, बता सकते हैं?
- भोजन करते समय आपने कौन–से कपड़े पहने थे, याद कर सकते हैं?
- भोजन करते समय आपके आस–पास जो लोग थे, उन्होंने कौन–से कपड़े पहने हुए थे, बता सकते हैं?
- यदि टीवी चल रहा था, तो उस पर कौन–सा प्रोग्राम आ रहा था?
- जिस थाली में आपने खाना खाया था, उसकी पहचान कर सकते हैं?
- खाना खाते समय आप किसी से बात कर रहे थे, तो उन बातों के बारे में विस्तार से बता सकते हैं?
- यदि बातें न करके सोच रहे थे, तो उन सोचों के बारे में कुछ बता सकते हैं?
- आपके द्वारा की गयी कल्पना के चित्र स्पष्ट थे या अस्पष्ट?

यदि आपके 5 सवालों के जवाब 'हाँ' में हैं, तो आपकी कल्पना ठीक–ठीक है। यदि आपके सवालों के जवाब 7 से ऊपर हैं, तो आपकी कल्पना प्रखर है। यदि आपके सारे सवालों के जवाब 'हाँ' में हैं, तो आप अद्वितीय कल्पना–शक्ति के मालिक हैं, लेकिन यदि आपके सवालों के जवाब 5 से कम हैं, तो आपको अपनी कल्पना–शक्ति विकसित करने का प्रयास करना चाहिए।

आपकी कल्पना–शक्ति कैसे विकसित होगी, इसके बारे में आपको अभी थोड़ी देर में बताता हूँ, लेकिन उससे पहले मैं आपको कल्पना के बारे में कुछ ज़रूरी बातें बताना चाहूँगा।

वास्तव में हमारी कल्पना देखे गये दृश्य की तुलना में कम स्पष्ट होती है। हम कुछ–न–कुछ भूल जाते हैं। हमारी कल्पना इस बात पर निर्भर करती है कि हमने मूल दृश्य को विश्लेषण करने की निगाहों से देखा था या नहीं? उदाहरण के तौर पर खाना खाते समय आप थाली को विश्लेषण करने की निगाहों से देखेंगे, तभी आप उसके बारे में कुछ बता पायेंगे।

इसलिए सीधी–सी बात है कि अपनी कल्पना–शक्ति को विकसित करने के लिए आप प्रत्येक वस्तु को गौर से देखें, उसे परखें, उससे सम्बन्धित कई सवालों के जवाब ढूँढ़ने की कोशिश करें, जैसे वह वस्तु किस चीज़ की बनी है? उस वस्तु को कहाँ बनाया जाता है? उस वस्तु के क्या–क्या फ़ायदे–नुक़सान हैं, वगैरह–वगैरह।

कल्पना-शक्ति विकसित करने के लिए कुछ अभ्यास

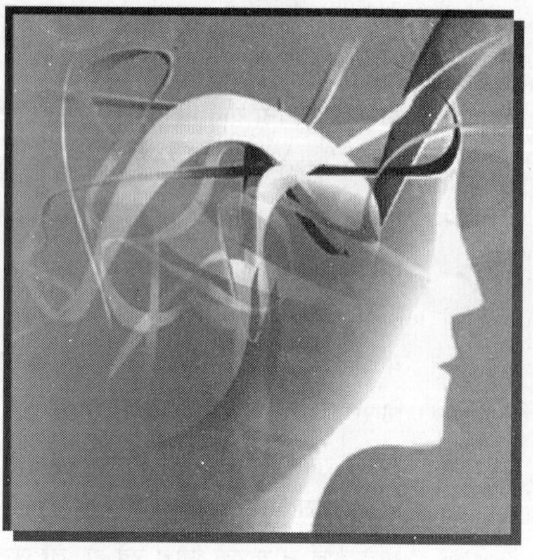

➢ नीच लिखी वस्तुओं की कल्पना करें। ये चीज़ें आपने अवश्य देखी होंगी। कल्पना करते समय आपको इस बात का ख़ास तौर पर ध्यान रखना है कि इन चीज़ों की आपको सजीव कल्पना करनी है। हो सकता है, शुरू–शुरू में इन चीज़ों की आपके मन में सजीव कल्पना न बनें। लेकिन जैसे–जैसे आप अभ्यास करते जायेंगे, ये चीज़ें आपके मस्तिष्क–पटल पर सजीव होने लगेंगी। इस काम के लिए आपको कोई जल्दबाज़ी नहीं करनी है।

बागों में खिलते फूल	आकाश में उड़ते हुए कबूतर
इन्द्रधनुष	नीम का पेड़
बरसात	चाय पीते हुए आप
डूबता हुआ सूरज	अँधेरी रात में चमकते सितारे
बचपन का कोई दोस्त	आपकी मनपसन्द ड्रेस

➢ ऊपर बतायी गयी चीज़ें आपकी देखी हुई हैं। अब आप कुछ अनदेखी वस्तुओं की कल्पना कीजिए।

दही की नदी	पंखों वाला शेर
काँच का बना ताजमहल	काग़ज़ से बना संसद भवन
कुत्तों से बात करती बिल्ली	किसी बड़े चूहे की पीठ पर बैठी बिल्ली
चालीस फुट लम्बी चींटी	बाइक चलाती परियाँ
दो इंच लम्बा नारियल का पेड़	कप में चाय पीती गाय

➢ अब जो अभ्यास मैं आपको बताने जा रहा हूँ, उसे 'आफ़्टर इमेज़' के नाम से जाना जाता है। इस एक्सरसाइज़ में आपको एक वस्तु को कुछ पलों तक ध्यान से देखना है, फिर अपनी कल्पना में उसकी हूबहू छवि उतारनी है,

जैसे एक पेन को आप अपने दायें हाथ से पकड़ें और उसे दो मिनट तक बिना पलकें झपकाये देखें। फिर आँखें बन्द करके कल्पना करें कि पेन की आकृति कैसी है? उसका रंग कैसा है? पेन की छवि जब धुँधली पड़ने लगे, तब आप आँखें फिर से खोलिए और उसे ध्यान से देखिए। उसके बाद वैसा ही करें, जैसा कि ऊपर बताया चुका है।

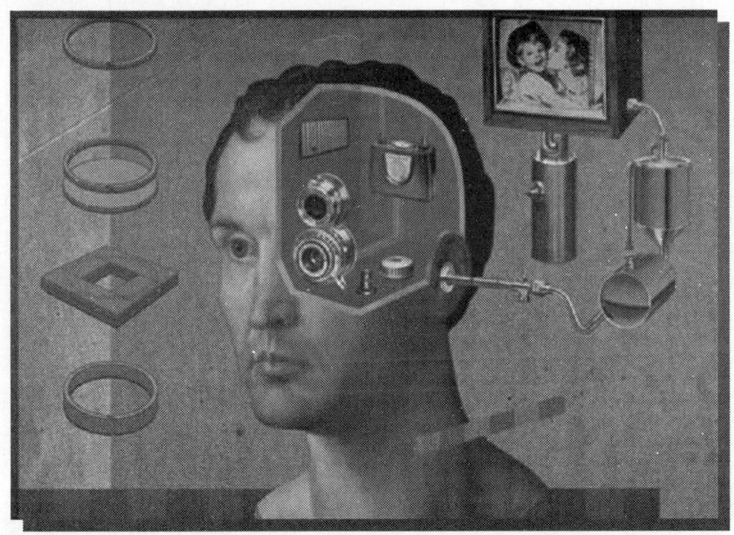

- ➢ कल्पना करें कि एक खजूर के पेड़ जितना लम्बा लड़का आपके सामने खड़ा है और आप उससे दोस्ताना लहज़े में बात कर रहे हैं।
- ➢ अपने कमरे की कल्पना करें। इसे चार भागों में बाँटें। अब प्रत्येक भाग की विस्तृत कल्पना करें।
- ➢ कल आप जिन–जिन लोगों से मिले थे, उनकी कल्पना कीजिए और कल्पना में देखिए कि उनके हाव–भाव, नैन–नक़्श, हेयर स्टाइल कैसा था?
- ➢ किसी खूबसरत लड़की की कल्पना करें। अपनी तीसरी आँख से उसे सिर से पाँव तक निहारें। अब इसी सुन्दर लड़की के बदसूरत होने की कल्पना करें। ऐसे ही आप किसी सुन्दर तितली के बदसूरत होने की कल्पना करें।
- ➢ अपने विगत दिनों के सुखद और दुखद पलों की कल्पना करें और तीसरी आँख से देखें कि उस समय आपके चेहरे पर किस तरह के भाव थे।

ध्वनि-सम्बन्धी कल्पना

- ➢ कल्पना करें कि आपके कानों में बाँसुरी, तबला और हारमोनियम की मिली–जुली आवाज़ें गूँज रही हैं।

निम्नलिखित आवाजों को सुनने की कल्पना करें।

बरसात, झरना, बिजली का कौंधना, शेर का गुर्राना, मेढक का टरटराना, घोड़े का हिनहिनाना तथा किसी कार के स्टार्ट होने की आवाज़, किसी महिला की चीखने की आवाज़, किसी आदमी के ठहाका लगाकर हँसने की आवाज़, किसी बच्चे के रोने की आवाज़, किसी ख़तरनाक कुत्ते के भौंकने की आवाज़।

स्वाद-सम्बन्धी कल्पना

- 5 कड़वी चीज़ों के स्वाद की कल्पना करें, जैसे करेला, नीम, मेथी आदि।
- 5 मीठी चीज़ों के स्वाद की कल्पना करें, जैसे आइसक्रीम, चॉकलेट, बर्फ़ी आदि।
- 5 सब्ज़ियों के स्वाद की कल्पना करें, जैसे पालक, आलू, टमाटर आदि।
- 5 दालों के स्वाद की कल्पना करें, जैसे मसूर की दाल, अरहर की दाल, मूँग की दाल आदि।
- 5 फलों की कल्पना करें, जैसे आम, अंगूर, तथा चीकू इत्यादि।

गन्ध-सम्बन्धी कल्पना

- 5 प्रकार के व्यंजनों की गन्ध की कल्पना करें, जैसे राजमा, छोले, चाय आदि।
- 5 फूलों के गन्ध की कल्पना करें, जैसे गुलाब, गेंदा, चमेली आदि।
- 5 प्रकार की दुर्गन्धों की कल्पना करें, जैसे पसीना, कूडा, मैला आदि।
- 5 प्रकार की सेण्ट (इत्र) की कल्पना, जैसे गुलाब, खस, चमेली आदि।

- प्रकृति से सम्बन्धित 5 प्रकार की गन्धों की कल्पना करें, जैसे जंगल, समुद्र, सेब के बाग़ आदि।

कल्पना-शक्ति विकसित करने के लिए कुछ सुझाव

- अपनी कल्पना को आप ज़्यादा–से–ज़्यादा सजीव बनाइए।
- कल्पना का अभ्यास सोने से पहले करें।
- दिन में आप जो कुछ देखते हैं, सूँघते हैं, चखते हैं, सोने से पहले इनकी कल्पना ज़रूर करें।
- स्थिर कल्पना की बजाय गतिशील वस्तुओं की कल्पना करें। उदाहरण के लिए यदि आपको नीले रंग की कार की कल्पना करनी है, तो आप ऐसी कार की कल्पना करें, जो एक स्पीड ब्रेकर पर आकर उछल रही है।
- मस्तिष्क में बनने वाली प्रत्येक छवि पर आप ध्यान दें। जो छवियाँ आपको कष्ट पहुँचाती हैं, उनकी कल्पना आप सुखद रूप में कीजिए। उदाहरण के तौर पर अगर आपके पैर में कोई काँटा चुभता है, तो आप कल्पना कीजिए कि उस काँटे के चुभने से आपको कष्ट नहीं हो रहा, बल्कि मीठी–मीठी गुदगुदी हो रही है।
- जब भी आप कोई कहानी या उपन्यास पढ़ें, तो प्रत्येक चरित्र और घटना को अपने मस्तिष्क पटल पर चित्रित करें, जैसे उपन्यास के किरदार देखने में कैसे लगते हैं? उनका पहनावा कैसा है? कहने का मतलब यही है कि उपन्यास पढ़ते समय आपको अपनी कल्पना को मुक्त रूप देते हुए इसमें वास्तविकता के रंग भरने हैं। अगर आपके उपन्यास का नायक किसी रेस्तराँ में खाना खा रहा है, तो आपको यह कल्पना करनी है कि खाना उपन्यास का नायक नहीं, बल्कि आप खा रहे हैं।
- यदि किसी कहानी में किसी किरदार का बारिश में भीगने का दृश्य आता है, तो आपको यह कल्पना करनी है कि बारिश में कहानी का नायक नहीं, बल्कि आप भीग रहे हैं।
- कल्पना–शक्ति विकसित करने का एक मूल मन्त्र यह भी है कि आप

व्यक्तिगत छवि बनायें। यदि आपको किसी सभा में भाषण देना है या किसी कम्पनी में इण्टरव्यू देना है, तो आप सम्भावित दृश्यों व सम्भावनाओं पर विचार करते हुए अपने मस्तिष्क में व्यक्तिगत छवि बना लें। आप यह कल्पना करें कि आप इण्टरव्यू दे रहे हैं, आप पर सवालों की बौछार हो रही है और आप सभी प्रश्नों के उत्तर बड़े आत्मविश्वास से ठीक–ठीक दे रहे हैं।

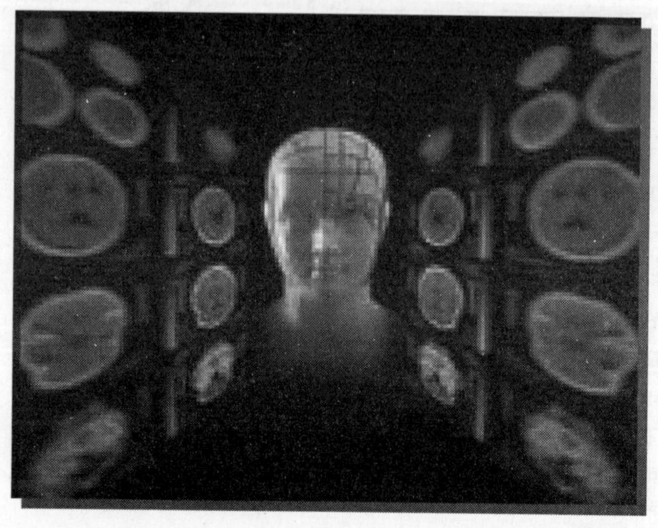

निर्णय-शक्ति कैसे विकसित करें?

निर्णय शीघ्र कीजिए; किन्तु देर तक सोचने के बाद।

—बर्नार्ड शॉ

जिसका फ़ैसला दृढ़ और अटल है, वह विश्व को अपने साँचे में ढाल सकता है।

—गेटे

चेहरा देखकर निर्णय दो।

—बाइबिल

प्रिय पाठकों! हमें अपने दैनिक जीवन में जिन धूर्त शत्रुओं का सामना करना पड़ता है, उनमें 'सन्देह' भी एक है। हम जब-जब आगे बढ़ने की कोशिश करते हैं, वह हमारा रास्ता रोक लेता है और हमसे यही सवाल करता है–

- क्या हम सही राह पर चल रहे हैं?
- क्या इस काम को करने का तरीक़ा यही है?
- क्या कोई दूसरा उपाय नहीं हो सकता?
- क्या हमें विश्वास है कि हम इस काम को सफलतापूर्वक कर लेंगे?
- क्या हमें अपने किये गये कार्यों का अंजाम मालूम है?
- क्या इस काम को करने के लिए और इन्तज़ार कर लिया जाये?

इस सन्दर्भ में शेक्सपियर ने लिखा है कि ''हमारे सन्देह गद्दार हैं। हम जो सफलता प्राप्त कर सकते हैं, नहीं कर पाते, क्योंकि संशय में पड़कर हम कोई प्रयत्न ही नहीं करते।''

वास्तव में, हम जब भी कोई काम शुरू करने लगते हैं, शंका नाम का सर्प हमारे ज़ेहन में फन फैला लेता है और हमारे सारे उत्साह पर पानी फेर देता है। हमारी शंका क़दम–क़दम पर हमें टोकती है और यह सवाल करती है–''धीरे–धीरे चलो, जल्दी मत करो। इस काम के लिए यह सही समय नहीं है। शुभ घड़ी की प्रतीक्षा करो।''

और, फिर होता यह है कि जिस काम के बारे में हम इतने उत्सुक होते हैं और जिसे सफलतापूर्वक कर लेने की पूरी आशा होती है, उसे हम कभी शुरू ही नहीं कर पाते। हम असमंजस और दुविधा में पड़े समय बिताते रहते हैं और काम शुरू करने का उत्साह ही ख़त्म हो जाता है।

जो लोग अपनी योग्यता पर शक करते हैं और जो हमेशा दुविधा में पड़े रहते हैं, वे हमेशा निर्णय करना टालते रहते हैं और कभी कोई निर्णय नहीं कर पाते। वे किसी निश्चित बन्दरगाह की ओर नहीं बढ़ते, इधर–उधर भटकते रहते हैं और फिर हालात के ज्वार–भाटे के साथ बहते रहते हैं तथा हवाओं का रुख़ देखते रहते हैं।

वास्तव में, सन्देह एक ऐसी चीज़ है, जिसे हम जितना बढ़ावा देंगे, वह उतना ही बढ़ता चला जायेगा। यदि हम अपने मन में सन्देह को प्रवेश करने ही न दें, उस पल एक मोटा ताला लगा दें, तब हम बड़ी आसानी से अपनी समस्याओं का समाधान तो कर ही सकते हैं, साथ–साथ सही निर्णय भी ले सकते हैं।

असल में, हम सबका विशाल व्यक्तित्व भी है; पर हम उसे पहचान नहीं पाते। यह विशाल व्यक्तित्व विशाल योजनाएँ बनाता है और हमें महान् कार्य करने के लिए प्रेरित करता है। पर हम सन्देह और दुविधा में पड़कर इसकी एक बात नहीं सुनते।

आपने ग़ौर किया ही होगा कि महान् कार्य हमेशा उन्हीं लोगों के हाथों सम्पन्न हुए हैं, जो तुर्त–फ़ुर्त, दृढ़तापूर्वक फ़ैसले करते हैं। वे उन पर दोबारा विचार करने में समय नष्ट नहीं करते। उनसे ग़लती भी होती है। वे उन लोगों से हमेशा आगे रहते हैं, जो दुविधा में पड़कर कोई निर्णय नहीं ले पाते।

सन्देह करने वालों की एक पहचान यह भी है कि वे कभी अपने मन को समझ नहीं पाते। वे जो निर्णय एक बार करते हैं, उस पर कायम नहीं रहते और हमेशा कल पर टालते रहते हैं, लेकिन इन लोगों की कल कभी नहीं आती। वे निर्णय स्थगित करते रहते हैं और अन्त में समय उन्हें ठेंगा दिखा देता है।

स्वामी विवेकानन्द कहा करते थे कि निर्णय न लेने की स्थिति मृत्यु से भी बुरी है। आपको जो भी करना है, सही ढंग से करें। निर्णयों में देरी आपके लिए असफलता ही लायेगी।

यहाँ मैं आपको एक ख़ास बात बताता हूँ। खूब सोच–विचारकर किया गया अन्तिम निर्णय बाद में संकल्प का रूप धारण कर लेता है, जो फिर आपके हिसाब से इच्छानुसार फल देता है।

सही निर्णय लेने के कुछ तरीक़े

➢ जब आप भय, सन्देह, निराशा या फिर कुण्ठा की स्थिति में हों, तब आप कोई निर्णय न लें। आप निर्णय उस वक़्त लें, जब आपका मन सन्तुलित हो, निर्मल हो और शान्त हो।

➢ एक मनोवैज्ञानिक के अनुसार निर्णय लेने का बेहतर तरीक़ा यही है कि प्रतिदिन रात को सोने से पूर्व आप आने वाले कल के सारे काम एक पॉकेट डायरी में नोट कर लें। फिर जब अगला दिन आ जाये और सोने का समय हो, तब आप विचार करके देखें कि आपने अपने लिखे निर्णयों के अनुसार कौन–कौन से कार्य किये हैं और उनका परिणाम क्या रहा है? अगर कोई कार्य पूरा नहीं हो पाया है, तो उसका क्या कारण था। इन बातों पर आप विचार करें और फिर उचित निर्णय लें।

➢ कोई भी निर्णय लेने से पहले आप यह तय कर लें कि आख़िर आप चाहते क्या हैं? आपका लक्ष्य क्या है? आपके लिए कौन–सी चीज़ महत्त्वपूर्ण है? जब तक आप अपना निश्चित लक्ष्य निर्धारित नहीं करेंगे, आप कोई ठोस निर्णय नहीं ले पायेंगे। इसलिए कोई भी निर्णय लेने से पहले आप स्वयं से पूछिए कि आप क्या हासिल करना चाहते हैं? क्या सुरक्षित रखना चाहते हैं और क्या–क्या छोड़ना चाहते हैं।

➢ कुछ क्षेत्रों में यदि आप अपने अज्ञान की वज़ह से कोई निर्णय नहीं ले पा रहे हैं, तो आपको चाहिए कि आप उन लोगों की सलाह अवश्य लें, जो इस क्षेत्र में माहिर हों।

➢ देखा गया है कि कई समस्याएँ ऐसी होती हैं, जो आपकी रातों की नींद उड़ा देती हैं। इस प्रकार की समस्याओं से निबटने के लिए आप उचित तैयारी कीजिए। समस्या से सम्बन्धित सभी बातों को इकट्ठा कीजिए। अगर किसी ने इसी तरह की या इससे मिलती–जुलती समस्या कभी हल की थी, तो

आप उसका अध्ययन अवश्य कीजिए। समाधान अकसर ऐसे ही मिलते हैं

➢ कई बार ऐसा होता है कि हमारे सामने एक समस्या आती है और हम उससे जूझते रहते हैं, लेकिन समस्या का समाधान हमें दिखायी ही नहीं देता। ऐसे में बेहतर यही है कि आप थोड़ा आराम करें। कई बार आराम करते—करते भी समस्या का समाधान सूझ जाता है।

➢ यदि किसी समस्या का समाधान आपको क़ायदे से नहीं मिलता, तो परेशान मत होइए। आप किसी नये तरीक़े से सोचिए। समस्याओं का समाधान केवल एक नज़रिए से सोचने से नहीं मिलता, बल्कि ज़्यादा—से—ज़्यादा नज़रियों के इस्तेमाल से होता है।

➢ कई बार समस्याओं का समाधान न मिलना हमारी कमियों के अलावा इस बात पर भी ज़्यादा निर्भर करता है कि हम समस्याओं को कितना समझ पाये हैं। अकसर होता यह है कि हम समस्या को ठीक ढंग से नहीं समझ पाते और उसके हल को ढूँढ़ने के लिए माथा—पच्ची करने लग जाते हैं। इसलिए समस्याओं को अच्छी तरह से सुलझाने के बाद आप कोई निर्णय लेंगे, तो आपका निर्णय आपको आपकी समस्या से यक़ीनन मुक्ति दिला देगा।

➢ जब भी आप निर्णय लें, उस पर अमल ज़रूर करें। हो सके तो पहले किसी अन्य तरीक़े से अपने निर्णय की जाँच करके देख लें। इसके बाद ही आप अपनी समस्त शक्तियों के साथ ही आगे बढ़ें।

➢ कोई भी निर्णय लेने से पहले उसके गुणों व दोषों को काग़ज़ पर लिखकर करें। इस तरीक़े से आप बेहद जल्द निर्णय करने में माहिर हो जायेंगे।

➢ इसके अलावा जब कभी आप निर्णय लें, तो होने वाले परिणामों के बारे में पहले सोच लें।

कई बार ऐसा होता है कि हम अपने दैनिक जीवन की समस्याओं में कुछ इस तरह से व्यस्त हो जाते हैं कि हम यह बात भूल जाते हैं कि हमने इस समाज में जन्म लिया है और हमारा समाज के प्रति भी कुछ कर्तव्य है। हमें चाहिए कि हम अपने कुछ लक्ष्य ऐसे निर्धारित करें, जो समाज तथा राष्ट्र के हित में हों।

***

एकाग्रता–शक्ति कैसे बढ़ायें?

प्रत्येक कार्य पर विजय प्राप्त करने के लिए एकाग्रता आवश्यक है।

—मार्ले

यदि चित्त एकाग्र होगा, तो फिर सामर्थ्य की कभी कमी नहीं पड़ेगी। 60 वर्ष के बूढ़े होने पर भी आपमें किसी नौजवान का उत्साह और सामर्थ्य दिखायी पड़ेगा।

—विनोबा भावे

सफल और असफल होने वालों के बीच केवल यह अन्तर होता है कि एक केवल शारीरिक परिश्रम करता है और दूसरा उस कार्य को बुद्धि और ध्यान एकाग्र करके करता है।

—स्वेट मार्डेन

प्रिय पाठकों! अच्छी याददाश्त के लिए एकाग्रता (Concentration) बेहद ज़रूरी है। आज हम एकाग्रता तथा इसे बढ़ाने वाली कुछ विधियों पर चर्चा करेंगे।

एकाग्रता का अर्थ है– 'अपनी सम्पूर्ण शारीरिक और मानसिक शक्तियों को अपने लक्ष्य पर केन्द्रित कर देना।' जीवन के किसी भी क्षेत्र में एकाग्रता के बिना सफलता पाना बेहद मुश्किल है। जब तक हम अपने लक्ष्य पर केन्द्रित नहीं होंगे, तब तक अपनी

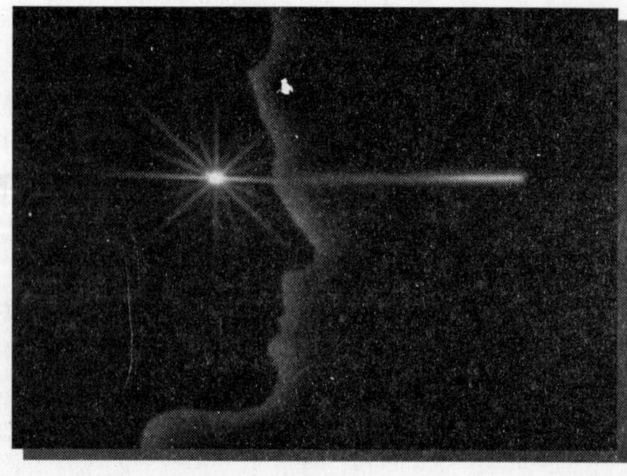

शक्तियों का सही उपयोग भी नहीं कर सकेंगे और आधी–अधूरी शक्ति से किसी भी कार्य को पूरा करना सम्भव नहीं हो सकेगा। अतः सफलता पाने के लिए एकाग्रता का अभ्यास करना आवश्यक है।

वास्तव में, सारी बुद्धिमानी एकाग्रता पर ही निर्भर होती है। जीनियस बनना है, तो एकाग्रता को जीवन में ढालना ही होगा। एकाग्रता में बहुत–सी बाधाएँ आती हैं। पढ़ने के समय आपका ध्यान इधर–उधर भटकने लगता है, मगर जब आप अपने पसन्दीदा हीरो की मूवी देखते हैं, वीडियो गेम खेलते हैं, पसन्दीदा किताब पढ़ते हैं, उस वक़्त आपकी एकाग्रता भंग नहीं होती। आख़िर ऐसा क्यों होता है? इसका सीधा–सा उत्तर है, क्योंकि हमें उस वक़्त यह देखना, करना या पढ़ना अच्छा लगता है।

यदि आप पढ़ाई के वक़्त एकाग्र नहीं रह पाते, आपका ध्यान इधर–उधर भटकता रहता है, इसका मतलब हुआ कि आपको पढ़ना अच्छा नहीं लगता है। हमें जो बातें अच्छी नहीं लगती हैं, उससे ध्यान हटना स्वाभाविक है।

'न्यू वैल्स साइंस स्टडी' के वैज्ञानिकों ने एकाग्रता पर लम्बे समय तक रिसर्च करने के दौरान पाया कि जिन विषयों में छात्रों की रुचि नहीं होती है, उन विषयों को पढ़ते समय विद्यार्थियों की एकाग्रता भंग हो जाती है। उनका ध्यान इधर–उधर भटकने लगता है। कुछ छात्र ऐसे भी थे कि उन्हें विषय में रुचि तो थी, पर उस विषय के कुछ अध्यायों पर उनकी एकाग्रता भंग हो गयी थी। इस विषय पर जब उनसे पूछा गया, तो उन्होंने बताया कि अध्याय बोर होने की वज़ह से ऐसा हुआ था।

अध्याय बोर क्यों लग रहा था? इसकी गहराई से जाँच की, तो पता चला कि विद्यार्थी उस अध्याय को समझ नहीं पा रहे थे। प्रोफ़ेसर के समझाने का तरीक़ा उन्हें समझ में नहीं आ रहा था। जब उन छात्रों को अलग से दूसरे प्रोफ़ेसर ने समझाया, तो उनकी एकाग्रता भंग नहीं हुई? इससे यह निष्कर्ष निकला कि विषय या टॉपिक समझ में न आने की वज़ह से एकाग्रता भंग होती है।

आपको तो पता ही होगा कि जब गुरु द्रोणाचार्य ने अपने सभी शिष्यों से चिड़िया की आँख पर निशाना लगाने को कहा था, तब उन्होंने अर्जुन से पूछा था कि उसे क्या दिख रहा है? तब अर्जुन ने कहा था कि उसे सिर्फ़ चिड़िया की बायीं आँख दिखायी दे रही है। और फिर जब अर्जुन ने बाण चलाया, तो बाण चिड़िया की बायीं आँख पर ही जाकर लगा। इसी एकाग्रता को भेदने की कला ने अर्जुन को सर्वश्रेष्ठ धनुर्धर

बनाया था। अर्जुन के इस गुण की प्रेरणा लेकर युगों–युगों से अनेक युवा स्वयं को एकाग्र कर बुलन्दी हासिल कर चुके हैं।

अब सवाल यह उठता है कि क्या एकाग्रता–शक्ति बढ़ायी जा सकती है? इसके जवाब में यही कहूँगा कि एकाग्रता–शक्ति न केवल बढ़ायी जा सकती है, बल्कि उसमें महारत भी हासिल की जा सकती है। आप कहेंगे कैसे? आपकी इस बात का जवाब मैं एक उदाहरण से देता हूँ।

आपने देखा ही होगा कि जब हम किसी काग़ज़ को सूरज की किरणों के नीचे घण्टों तक रखें, तो भी उस पर कोई असर नहीं पड़ेगा, लेकिन जब हम लेंस के द्वारा सूरज की किरणों को एकाग्र करके यानी इकट्ठा करके एक बिन्दु बना कर काग़ज़ पर डालते हैं, तो वह जल उठता है।

ऐसा क्यों होता है, जबकि सूरज की रोशनी उतनी ही थी? ऐसा इसलिए होता है कि जब हम सूरज की किरणों को लेंस के द्वारा एक बिन्दु पर एकत्र करते हैं, तो उसकी किरणें एक ही स्थान पर पड़ती हैं। इसलिए वह काग़ज़ जलने लगता है। यानी सूरज की बिखरी हुई किरणें जो काम घण्टों में नहीं कर पायीं, एक बिन्दु पर केन्द्रित होकर उन्होंने इस काम को कुछ ही समय में कर दिखाया।

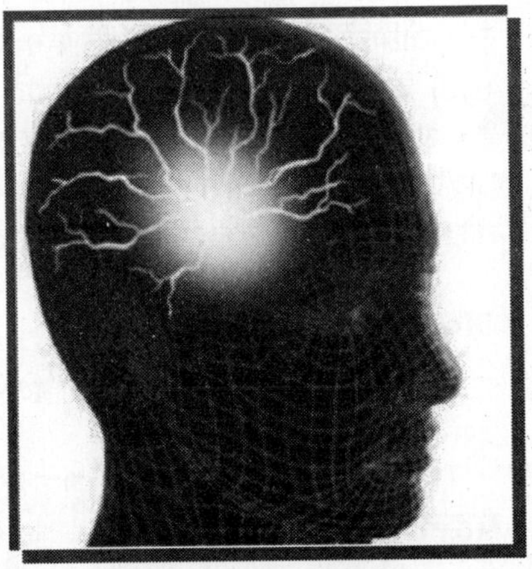

ठीक इसी तरह हमारे मस्तिष्क की शक्तियाँ हैं। यदि वे फैली हुई अवस्था में रहती हैं, तो प्रभावशाली नहीं होतीं, लेकिन जब उन्हें एकाग्र कर दिया जाता है, तो हम अपने वे काम बड़ी आसानी से करने लगते हैं, जो कभी हमारे लिए मुश्किल हुआ करते थे।

अब मैं आपको एकाग्रता–शक्ति विकसित करने की कुछ सहज और सरल विधियों के बारे में बताता हूँ, जिन्हें अपना कर आप अपनी एकाग्रता–शक्ति अवश्य बढ़ा सकते हैं।

ध्यान एकाग्र करने की विधि का वर्णन करने से पहले मैं आपको यह सलाह दूँगा कि इस विधि का प्रयोग आप इस अध्याय को पूरा पढ़ने के बाद ही करें।

इस विधि के द्वारा हम किसी वस्तु पर अपना ध्यान केन्द्रित या स्थिर करते हैं। वस्तु किस प्रकार की हो? इसका चयन आपकी पसन्द पर निर्भर करता है। वैसे यौगिक अभ्यासों में आमतौर पर फूल, दीप, मोमबत्ती, मूर्ति, फ़ोटो तथा किसी चित्र का प्रयोग भी किया जा सकता है। वैसे मैं आपको दीप या मोमबत्ती के साथ अभ्यास करने की राय बिलकुल नहीं दूँगा, क्योंकि अभ्यास के दौरान यदि सावधानी न बरती जाये, तो आग लगने का भय रहता है। इसलिए मैं आपको आपकी पसन्द का कोई फूल चुनने की राय दूँगा। इस विधि के लिए जो फूल (गुलाब, गेंदा, सूरजमुखी) आपको

पसन्द हो, आप उसे चुन सकते हैं। यदि प्राकृतिक फूल उपलब्ध नहीं है, तो आप कोई कृत्रिम फूल का भी उपयोग कर सकते हैं।

विधि

सबसे पहले फूल को इसके डण्ठल समेत किसी छोटे पात्र, जैसे गिलास, फूलदान या किसी सुराही में रख दें। यहाँ आपको इस बात का ख़ास तौर पर ध्यान रखना होगा कि फूल की स्थिति टेढ़ी न होकर सीधी हो।

इस पात्र को आप किसी स्टूल, चौकी या बिना बाँहों की कुर्सी पर रख दें। कोशिश करें कि फूल के शीर्ष और आपके नेत्रों की ऊँचाई बराबर हो और फूल आपसे चार से पाँच फुट तक की दूरी पर रखा हो तथा उस पर उचित प्रकाश पड़ रहा हो।

अब थोड़ी देर के लिए हम इस विषय से हटकर दृष्टि–शक्ति के विषय पर आते हैं, ताकि आपको इस विधि का पूर्ण रूप से ज्ञान हो जाये।

योग के अनुसार हमें दो प्रकार की दृष्टि–शक्ति प्राप्त हैं–

- ➢ पहली आँखों की शक्ति।
- ➢ दूसरी अन्तःचक्षु यानी कि तीसरी आँख।

योगियों का विश्वास है कि हम सबको अन्तःचक्षु, जिसे मैं 'तीसरी आँख' (Third Eye) कहूँगा, प्राप्त हैं। इसकी स्थिति अग्र ललाट में अर्थात भौंहों के बीच के क्षेत्र में है। अभ्यास द्वारा इसी तीसरी आँख की दृष्टि–शक्ति को विकसित किया जाता है। जब अभ्यास द्वारा तीसरी आँख की शक्ति विकसित हो जाती है, तब योगी उन चीज़ों को भी देखने का दावा करते हैं, जिन्हें बाहरी आँखों से देख पाना सम्भव नहीं है।

अब हम विधि सीखते हैं

वास्तव में, ध्यान एकाग्र करने की विधि तीन अवस्थाओं में पूरी होती है, जैसे–पहली, दूसरी तथा तीसरी अवस्था।

पहली अवस्था

पैरों को मोड़ कर बैठ जायें। यदि आप पद्मासन कर सकते हैं, तो पद्मासन में बैठ जायें। यदि आपको पद्मासन के बारे में पता नहीं है, तो आप निम्नांकित चित्र का अनुसरण कर सकते हैं।

दूसरी अवस्था

जब आप फूल की ओर देख रहे हों या आँखें बन्द किये हों, शरीर को सीधा रखते हुए पूरी

हवा को नाक के छिद्रों द्वारा धीरे–धीरे बाहर निकाल दें। जब साँस का बाहर निकलना बन्द हो जाये, तो एक सेकेण्ड के लिए रुक जायें, उसके बाद दोनों नासिका–छिद्रों से धीरे–धीरे साँस लेना शुरू करें। जब साँस लेना समाप्त हो जाये, फिर से एक सेकेण्ड के लिए रुक जायें और तब पहले की तरह साँस छोड़ना शुरू करें तथा जब यह समाप्त हो जाये, फिर रुक जायें।

अभ्यास के पहले दिन साँस लेने तथा साँस छोड़ने की यह क्रिया केवल पाँच बार करें।

इस क्रिया को बाद में एक सप्ताह में 10 बार तक तथा महीने में 15 बार तक बढ़ायें। 15 बार से अधिक कदापि न करें। यदि एक समय में आप साँस लेने तथा साँस छोड़ने की क्रिया केवल 10 बार कर लेते हैं, तो यह पर्याप्त होगा।

यहाँ एक बात का ख़ास तौर पर ध्यान रखें कि साँस लेने तथा साँस छोड़ने की इस क्रिया में मुख्य रूप से पेट से सम्बन्धित क्षेत्र प्रभावित होना चाहिए। जब आप साँस छोड़ रहे हों, तब पेट की माँसपेशियाँ सिकुड़नी चाहिए। दूसरे शब्दों में जब आप साँस छोड़ रहे हों, तब आपको अपने पेट को मेरुदण्डीय रज्जु (नर्वस सिस्टम) की ओर भीतर ले जाना चाहिए। जब आप साँस ले रहे हों, तब पेट की माँसपेशियों को फैलना चाहिए। दूसरे शब्दों में, भीतर साँस लेते समय पेट को आगे की ओर आ जाना चाहिए। पेट की माँसपेशियों के सिकुड़ने और फैलने की क्रिया एक लय में होनी चाहिए।

जब साँस लेने और छोड़ने की क्रिया चल रही हो, तब इसकी लय को विकसित करने का तरीक़ा यह है कि फूल की गन्ध तथा वायु की शुद्धता की अनुभूति एवं कल्पना की जाये। उदाहरण के तौर पर जब आप साँस छोड़ रहे हों, तब ऐसा महसूस करें कि आपके शरीर से सारी गन्दगी बाहर निकल रही है और जब आप साँस खींच रहे हों, तब ऐसा महसूस करें कि स्वच्छ एवं सुगन्धित वायु आपके सम्पूर्ण शरीर में शक्ति का संचार कर रही है, उसे पुष्ट तथा समृद्ध बना रही है।

लयबद्ध साँस–क्रिया के चक्र को पूरा करने के बाद आप कुछ मिनटों तक आराम करें। जितना समय आप साँस–क्रिया में लगाते हैं, उसका लगभग चौथा समय आराम का होना चाहिए। उदाहरण के तौर पर यदि आपने चार मिनट तक साँस–क्रिया की है, तो आपके आराम का समय एक मिनट होना चाहिए। जब आप शरीर की माँसपेशियों को ढीला कर रहे हों, तब आप बैठने की स्थिति में रहें, लेटने की कोशिश न करें।

यहाँ मैं आपको लयबद्ध साँस–क्रिया के बारे में कुछ विशेष बातें और बता देता हूँ।

योग–विज्ञान के अनुसार यह लयबद्ध साँस लेने की क्रिया सारे शरीर में सामंजस्य ला

देती है। साँस की यह क्रिया जहाँ एक ओर स्नायु–तन्त्र को सक्रिय एवं सशक्त बनाती है, वहीं यह सम्पूर्ण शारीरिक–प्रणाली या तन्त्र को सुख पहुँचाती है यानी कि शान्ति प्रदान करती है। इस लयबद्ध साँस–क्रिया के पूर्ण प्रभाव का अनुभव करने के लिए अभ्यासी को जैसे कि पहले चर्चा की जा चुकी है, उपयुक्त समय तक अवश्य आराम करना चाहिए। इस आराम के सम्बन्ध में स्वामी विवेकानन्द ने कहा है कि एक बार जब यह आराम मिलता है, तो अत्यधिक थकी हुई स्नायु–तन्त्रिकाएँ शान्त हो जाती हैं और आपको महसूस होगा कि मानों आपने ऐसा आराम पहले कभी न किया हो।

तीसरी अवस्था

आप सीधे बैठे हुए हैं, अपने शरीर की फिर से जाँच कर लें। अपनी आँखों को धीरे–धीरे बन्द करें। 10 सेकेण्ड तक इन्हें बन्द रखें। इसके बाद धीरे–धीरे खोलें। जब ये पूरी खुल जायें, तब इन्हें 6 से 8 सेकेण्ड तक खुली रखें। आँखों को बन्द करने और खोलने की क्रिया को तीन से पाँच बार तक करें। ध्यान रहे कि आँखों का खुलना और बन्द होना धीरे–धीरे हो। शुरू–शुरू में इस प्रकार आँखों को बन्द और खोलने से आपकी आँखों में आँसू आ सकते हैं। आँखों में पीड़ा भी महसूस हो सकती है, लेकिन घबरायें नहीं। अपना अभ्यास जारी रखिए। आप देखेंगे कि कुछ दिनों के अभ्यास से आपकी आँखों से पानी निकलना तथा अन्य तक़लीफें दूर हो गयी हैं।

अब आप फूल की ओर देखिए। लगभग 10 सेकेण्ड तक देखना जारी रखें। यदि आपको किसी प्रकार की पीड़ा का अनुभव हो, तो आप कम समय तक देख सकते हैं, लेकिन आँखें झपकाने या पलक गिराने का प्रयास कदापि न करें।

दस सेकेण्ड तक फूल को देखने के बाद आप अपनी आँखों को धीरे–धीरे बन्द करें और फूल की आकृति को अपने मन में देखने का प्रयास करें। जब आप अपने मन में फूल की तस्वीर को लाने का प्रयास कर रहे हों, तब लगभग 10 सेकेण्ड तक अपनी आँखों को बन्द रखें। केवल 10 सेकेण्ड तक आँखों को बन्द रखने के बाद उन्हें नरमी से धीरे–धीरे खोलें और फिर से 10 सेकेण्ड तक फूल की तरफ़ देखें। इस प्रकार देखने, बन्द करने और देखने की इस प्रक्रिया को दोहरायें अर्थात् आँखों से देखना, आँखें बन्द कर लेना और फिर तीसरी आँख से देखना।

पहले सप्ताह में इस प्रक्रिया को एक सत्र में केवल पाँच बार दोहरायें। बाद में इसे दस बार तक विकसित करें। इसके बाद 15 बार तक करें, जो कि इसकी अन्तिम सीमा होगी। यहाँ समय या बार का अर्थ 'चक्र' (Round) से है। दस बार का अर्थ है–दस चक्र। यदि आप केवल एक सत्र में दस चक्र का अभ्यास कर लेते हैं, तो यह

पर्याप्त होगा। किन्तु किसी भी स्थिति में एक सत्र में 15 बार से अधिक अभ्यास न करें। जब अभ्यास समाप्त हो जाये, तब शरीर को ढीला छोड़ दें और दो मिनट तक आराम की स्थिति में बैठे रहें। जब आप यह कर लेते हैं, तब धारणा या एकाग्र करने का आपका अभ्यास पूरा एवं समाप्त हो जायेगा। सत्र की समाप्ति के बाद आप भोजन करने, सोने या कोई अन्य काम करने के लिए आज़ाद हैं।

सुझाव

- आप चाहें तो एक महीने के अभ्यास के बाद फूलदान में कोई अन्य फूल रख सकते हैं। फूलों की संख्या बढ़ाना आवश्यक नहीं है।
- दो महीने के अभ्यास के बाद आप वस्तु को बदल सकते हैं। तब अपनी पसन्द की फ़ोटो, मूर्ति या चित्र से अभ्यास कर सकते हैं। यहाँ इस बात का ध्यान रखना आवश्यक है कि जिस वस्तु का आप चुनाव करें, वह मध्यम आकार, चमकीले रंग की, सुखकर तथा आनन्ददायक हो। रोमांच पैदा करने वाली न हो।
- अभ्यास में लगाया जाने वाल कुल समय 20 मिनट से अधिक नहीं होना चाहिए। इसी में साँस–क्रिया, आराम, अभ्यास और अन्तिम विश्राम शामिल हैं।
- जलते हुए दीपक, मोमबत्ती या किसी अन्य दाहक पदार्थों के द्वारा अभ्यास न करें।

जानें आपने ध्यान-शक्ति प्राप्त कर ली है या नहीं?

- अभ्यास करते समय यदि आप तीसरी आँख से किसी चीज़ को नहीं देख पाते हैं, तो समझिए कि आपको धारणा की प्राप्ति नहीं हुई है।
- अभ्यास के दौरान जब आप तीसरी आँख से अन्य वस्तुओं को देखने में सफल रहते हैं, किन्तु अपनी आँखों के समक्ष रखी हुई वस्तु को नहीं देख पाते, तब समझिए कि आप में सुधार हो रहा है, किन्तु आपको अब तक धारणा–शक्ति की उपलब्धि नहीं हुई है।
- अभ्यास के दौरान तीसरी आँख से जब आप वास्तविक वस्तु के आकार को एक सेकेण्ड के लिए भी देख सकते हैं, तो समझिए कि आपको धारणा–शक्ति की उपलब्धि हो गयी है।
- यदि वस्तु किसी भी रूप या आकार में तीसरी आँख के समक्ष पाँच सेकेण्ड तक टिकी रह जाती है, तब समझिए कि आपने अच्छी धारणा–शक्ति प्राप्त कर ली है।
- यदि वस्तु दस सेकेण्ड तक आपकी तीसरी आँख के समक्ष टिकी रहती है, तो समझिए कि आपको अति उच्चस्तरीय धारणा–शक्ति उपलब्ध हो गयी है।

एकाग्रता-शक्ति बढ़ाने के लिए कुछ मानसिक व्यायाम

- एकाग्रता–शक्ति बढ़ाने का अभ्यास आप घर से बाहर पार्क में, बस में, किसी का इन्तज़ार करते समय या बोरियत से बचने के लिए, कहीं भी कर सकते हैं।
- अगर आप बस में सफ़र कर रहे हैं, तो अगली सीट पर बैठे व्यक्ति की गर्दन को 5 से 10 सेकेण्ड तक बिना पलकें झपकाये देखें। ध्यान लगाते समय आपका ध्यान बस के शोर, किसी सुन्दर महिला या भीड़ की तरफ़ बिलकुल नहीं जाना चाहिए। यदि आपका ध्यान भटकने लगे, तो दिमाग़ को सख़्ती से ध्यान लगाने का निर्देश दें।
- पार्क में आप यह व्यायाम किसी फूल पर बिना पलक झपकाये कर सकते हैं।
- बस के इन्तज़ार के दौरान आप यह व्यायाम बस–स्टैण्ड पर बैठकर किसी पोस्टर या साइनबोर्ड को अपना ध्यान या केन्द्र मानकर कर सकते हैं।
- बोरियत से बचने के लिए ध्यान लगाना काफ़ी फ़ायदेमन्द होता है। जब भी आप बोरियत महसूस करें, अपने कमरे की किसी भी वस्तु का अपने ध्यान का केन्द्र मान लीजिए। ऐसा करने से आपकी बोरियत तो दूर होगी ही, साथ–साथ आपकी एकाग्रता–शक्ति भी विकसित होगी।

एकाग्र बने रहने के लिए कुछ सुझाव

- किसी भी कार्य को समय से पूरा करें। काम अधूरे रहने पर एकाग्रता भंग हो जाती है। इसलिए किसी भी काम को अधूरा न छोड़ें। उसे पूरा करके ही अगला काम करें।
- टाइम मैनेजमेण्ट बेहद ज़रूरी है। जब आप किसी काम को निर्धारित किये गये समय में पूरा नहीं करते हैं, तो यह आपकी एकाग्रता भंग करना शुरू कर देता है।
- जब हम किसी काम को ख़ास समझ कर करते हैं, तो वह बड़े ही अच्छे तरीक़े से पूरा हो जाता है। इसलिए हर काम को ख़ास समझ कर पूरा करने की कोशिश करें। उस काम को आप पूरी एकाग्रता के साथ पूरा कर लेंगे।

- मस्तिष्क को एकाग्र करने के लिए 'स्वयं' पर कण्ट्रोल करना ज़रूरी है। जब आप अपने मस्तिष्क को कण्ट्रोल करना सीख लेते हैं, तो वह स्वतः एकाग्र हो जाता है।
- यह जानने की कोशिश करें कि आप किस समय को अपना श्रेष्ठ समय मानते हैं, अर्थात् कब आपकी कल्पना उड़ान भरती है? आपका ध्यान कब अधिक केन्द्रित होता है। सुबह, दोपहर, शाम या फिर रात को। अपने शरीर की इस गतिविधि को पहचानें और इसी के अनुरूप कार्य सम्पन्न करें।
- जब कभी आपका ध्यान एकाग्र नहीं हो पाता, तब इसे कृत्रिमता प्रदान करें, अर्थात् ऐसा दर्शायें कि आप कार्य पूर्ण ध्यान व लगन से कर रहे हैं।
- सही समय पर विश्राम करना सीखें
- स्वयं से विवेकपूर्ण बातें करें।

भाग-2

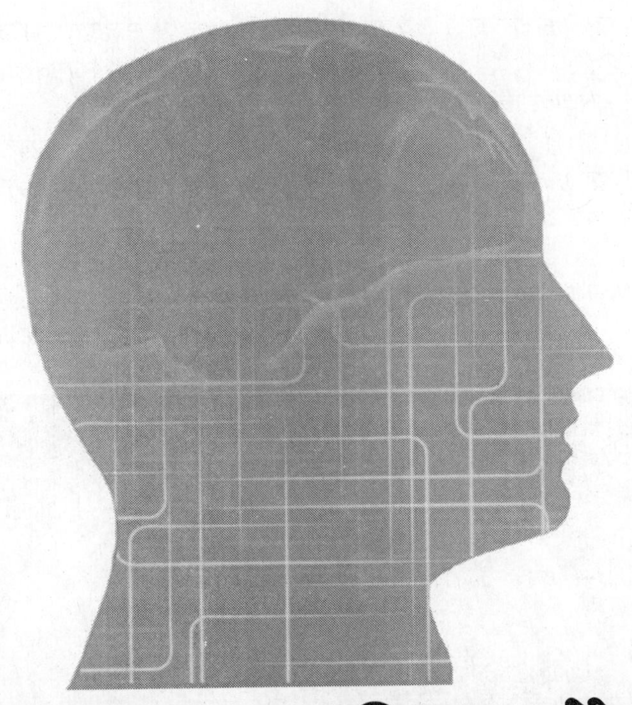

स्मरण-शक्ति कैसे बढ़ायें?

क्या कहता है, मनोविज्ञान 'स्मृति' के बारे में...

'स्मृति' जब अपनी सहज लय में होती है, तब ध्यान में सजीवता आ जाती है।

—अमृतलाल नागर

'स्मृति' मस्तिष्क का खजांची है।

—एक कहावत

'स्मृति' वह पुजारिन है, जो वर्तमान को समाप्त कर अपना हृदय मृतक भूत की मूर्ति पर अर्पित कर देती है।

—रवीन्द्र

The true art of memory is the art of attention.

-S. Johnson

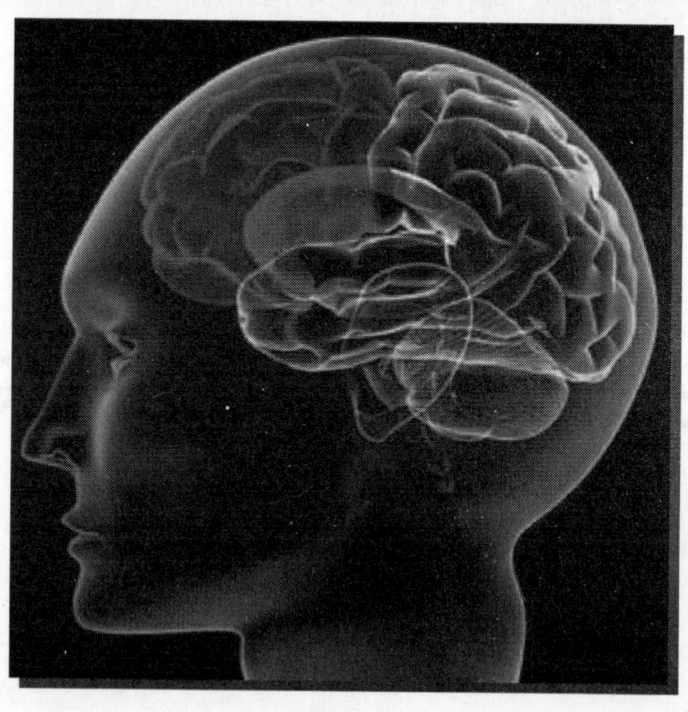

प्रिय पाठकों! आज हम 'स्मृति' विषय पर चर्चा करेंगे तथा यह जानने की कोशिश भी करेंगे कि स्मृति के बारे में मनोविज्ञान क्या कहता है?

स्मृति क्या है? (What is memory)

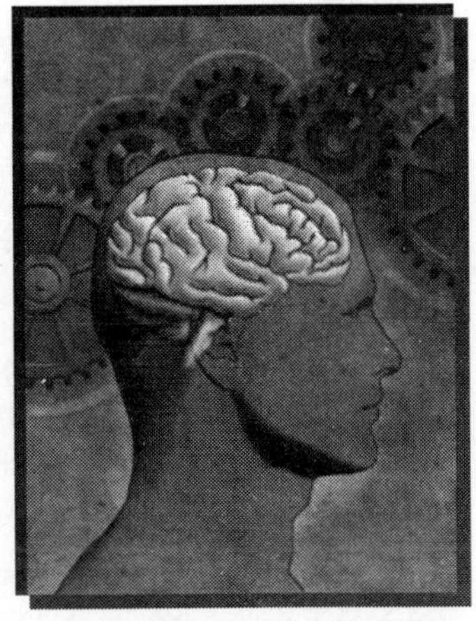

किसी सीखी हुई क्रिया के पुनर्वाहन (Recall) या दोहराने को 'स्मृति' कहते हैं। अतः स्मृति की क्रिया, सीखने के उपरान्त धारण करने और फिर उसे दोहराने से सम्बन्धित होती है। स्मृति के अन्तर्गत सीखना (Learning), धारण करना (Retention), और पुनर्वाहन (Recall) करना, ये तीनों ही आते हैं, अतः इन्हें स्मृति के अंग भी कहा जाता है।

स्मृति के ये अंग आपस में एक–दूसरे से इतने ज़्यादा जुड़े हुए हैं कि इन्हें अलग नहीं किया जा सकता। स्मृति को हम एक उदाहरण द्वारा समझ सकते हैं।

एक व्यक्ति कुछ दिनों पहले घूमने के लिए जयपुर जाता है। वहाँ वह आमेर का क़िला, सिसौदिया बाग तथा हवामहल देखता है। कुछ समय बाद जब वह एक टीवी सीरियल में जयपुर स्टेशन को देखता है, तो उसके मस्तिष्क में जयपुर से सम्बन्धित सारी घटनाएँ जीवित हो उठती हैं।

स्मृति के प्रकार (Types of Memory)

स्मृति दो प्रकार की होती है–

1. **लघु–सत्र स्मृति (Short-term Memory)** : यह स्मृति कुछ समय तक ही बनी रहती है। उदाहरण के तौर पर जब हमारा परिचय किसी अनजान आदमी से कराया जाता है, तो थोड़ी देर बाद ही हम उसका नाम भूल जाते हैं, हालाँकि उसका चेहरा हमें याद रहता है। इसलिए मनोवैज्ञानिकों ने 'लघु–सत्र स्मृति' का मुख्य कारण सामग्री को बहुत ही थोड़े समय तक सीखना माना है।
2. **दीर्घ–सत्र स्मृति (Long-term Memory)** : इस प्रकार की स्मृति में व्यक्ति अधिक देर तक सीखता है। बार–बार उन सामग्रियों पर अभ्यास करता है और उन सीखी गयी सामग्रियों का काफ़ी भाग अधिक समय तक बचाकर रखता है।

स्मृति के अंग (Factors of Memory)

यह बात तो आप जान ही चुके हैं कि स्मृति एक मानसिक प्रक्रिया है। यह कोई स्थायी

वस्तु नहीं है। इसमें परिवर्तन होते ही रहते हैं। अब मैं आपका परिचय 'स्मृति' के उन अंगों से करवाना चाहूँगा, जो 'स्मृति' के विकास में सहायक होते हैं। इन्हें स्मृति का कारक या घटक (Factors) भी कहा जाता है।

स्मृति के चार अंग माने गये हैं, जो इस प्रकार हैं–

1. सीखना या अभ्यास करना (Learning)
2. धारण (Retention)
3. प्रत्यावाहन या वापस बुलाना (Recall)
4. प्रत्यभिज्ञान या पहचानना (Recognition)

सीखना

सीखने और स्मृति में अभिन्न सम्बन्ध है। सीखने के द्वारा ही स्मृति की समस्त प्रक्रियाएँ सम्पादित होती हैं। कोई भी नयी चीज़ या उत्तेजना देखकर हम पहले सीखते हैं, उसके बाद स्मरण करते हैं। सीखने के अभाव में न तो स्मरण की क्रिया सम्भव हो सकती है और न ही सम्पादित हो सकती है। हम स्मरण उसी विषय का करते हैं, जिसे हम पहले सीख चुके होते हैं। उदाहरण के तौर पर जब व्यक्ति कोई कहानी अतीत में सीख चुका होता है, तभी वह उसका स्मरण कर सकता है।

धारण

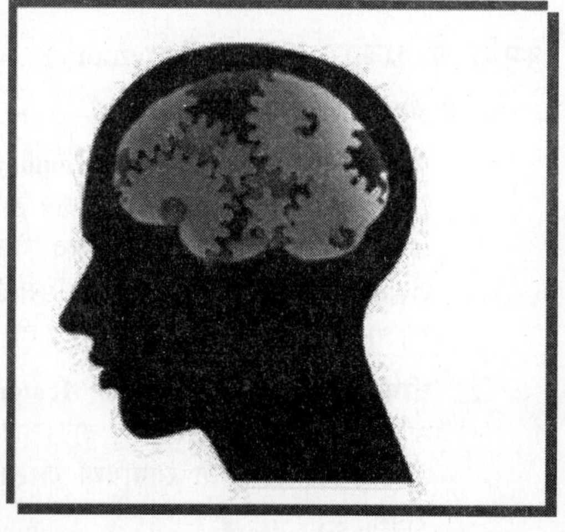

किसी भी विषय को केवल सीख लेने से स्मरण–क्रिया पूरी नहीं हो जाती। सीख लेने के बाद व्यक्ति के मस्तिष्क में अनुभूति का धारण करना ज़रूरी है, इसलिए धारण भी अनुभूति का एक महत्त्वपूर्ण अंग है। 'धारण–क्रिया' सीखने के बाद फ़ौरन शुरू हो जाती है और एक निश्चित समय तक चलती रहती है, उस विषय का प्रत्यावहन उतना ही सरल होता है। अब सवाल यह उठता है कि धारण–क्रिया किस प्रकार अपनी भूमिका अदा करती है? इस सवाल के उत्तर में मनोवैज्ञानिकों का कहना है कि कोई सीखा हुआ विषय व्यक्ति के मस्तिष्क में स्मृति–चिह्न के रूप में अंकित हो जाता है। जब तक यह स्मृति–चिह्न व्यक्ति के मस्तिष्क में उपस्थित रहता है, व्यक्ति उस विषय का प्रत्यावहन

(Recall) आसानी से कर पाता है, लेकिन जब यह स्मृति–चिह्न मस्तिष्क से मिट जाता है, तब व्यक्ति उसी विषय का प्रत्यावाहन करने में असमर्थ हो जाता है।

विस्मृति (भूलना) (Forgetting)

जैसे दिन के बिना रात या ठण्ड के बिना गरमी को ठीक से समझा नहीं जा सकता, ठीक उसी तरह स्मृति की क्रियाओं को विस्मृति की क्रियाओं के बिना नहीं समझा जा सकता। असल में ये दोनों क्रियाएँ एक–दूसरे की पूरक हैं।

भूलने की गति तीन बातों पर निर्भर करती है–

1. **व्यक्ति की योग्यता** : कुछ व्यक्ति अधिक योग्य होते हैं, वे किसी विषय की सामग्री को दूसरों की अपेक्षा कम शीघ्रता से भूलते हैं।
2. **अभ्यास की मात्रा** : जिस विषय पर जितना अधिक अभ्यास किया जाता है, उसे उतना ही धीरे–धीरे भूला जाता है।

3. **सामग्री** : जिस प्रकार की सामग्री होती है, उसी प्रकार भूलने का प्रभाव पड़ता है। ठीक सामग्री बेक़ार के मुक़ाबले में धीरे–धीरे भूलती है। इसी प्रकार शारीरिक–क्रियाएँ मानसिक–क्रियाओं की अपेक्षा धीरे–धीरे भूलती हैं।

विस्मृति-निवारण (Ways of reducing forgetting)

'विस्मृति' यानी भूलना हानिकारक नहीं है। ज़रूरी चीजों को सीखने के लिए यह बेहद ज़रूरी है। यदि हम किसी चीज़ को भूलें नहीं, तो बेकार की बातें हमारे स्मृति के भण्डार में जमा होती जायेंगी, जिसकी वजह से हमारे स्मृति–भण्डार में अच्छी चीज़ों को याद करने के लिए जगह ही नहीं रहेगी। बेकार की स्मृतियाँ बार–बार हमारे स्मृतिपटल पर आकर हमें परेशानी करेंगी। वास्तव में किसी विषय या सामग्री को अधिक समय तक याद करने के लिए भूलना बेहद ज़रूरी है।

क्या 'स्मृति' को सुधारा जा सकता है? मनोविज्ञान इसका उत्तर 'नहीं' में देता है। यह ऐसा कोई उपाय नहीं बताता, जिससे व्यक्ति अपनी स्मृति का उतना ही विकास कर ले, जितना कि एक पहलवान अपने शरीर का करता है। लेकिन मनोविज्ञान कुछ नियम सामने अवश्य रखता है, जिनका पालन करके व्यक्ति कम मेहनत और कम समय में अधिक से अधिक विषयों या सामग्रियों को याद रख सकता है।

अगले अध्यायों में हम इन नियमों का विस्तार से वर्णन करेंगे। यहाँ हम कुछ नियमों की चर्चा कर रहे हैं, जो इस प्रकार हैं–

सीखने के लिए प्रबल इच्छा (Have intention to learn) : जब तक आप किसी चीज़ को याद करना ज़रूरी नहीं समझेंगे, वह चीज आपको कभी याद नहीं होगी। वैसे कुछ लोग इसे दिमाग़ की कमज़ोरी बताते हैं, लेकिन वास्तव में ऐसा नहीं है। यदि आपमें किसी चीज़ को सीखने की प्रबल इच्छा होगी, तो आप उसे अवश्य याद कर पायेंगे। मनोवैज्ञानिकों के अनुसार सीखने की प्रबल इच्छा के कारण जहाँ एक ओर कम समय में सामग्री सीखी जा सकती है, वहीं दूसरी ओर अधिक समय तक याद भी रहती है।

ध्यान का नियन्त्रण (Pay close attention) : किसी भी चीज़ को सीखते समय ध्यान एकाग्र करना बेहद ज़रूरी है। ध्यान एकाग्र करने पर विषय कम समय में अच्छी तरह से समझ में आ जाता है। क्लास में टीचर की बातों को या किसी अन्य के द्वारा कही गयी बात को यदि हम भूल जाते हैं, तो उसका मुख्य कारण यही है कि हम उस वक़्त अपने ध्यान को एकाग्र नहीं कर पाते। उस वक़्त हमारा ध्यान निःसन्देह कहीं और होता है। इसलिए अच्छी स्मृति के लिए ध्यान की एकाग्रता बेहद ज़रूरी है।

दृश्यों का अधिक से अधिक प्रयोग (Make maximum use of imagery): मनोविज्ञान के अनुसार किसी भी चीज़ को सीखने के लिए दृश्यों का अधिक से अधिक प्रयोग करना चाहिए। इस तरह किसी चीज़ को याद करना बेहद आसान हो जाता है। आप यह बात जानते ही हैं कि किसी फ़िल्म या नाटक के दृश्य हमें बेहद जल्द याद हो जाते हैं और इनकी स्मृति हमारे स्मृतिपटल पर काफ़ी दिनों तक बनी रहती है।

नयी सामग्री सीखने में पहले से सीखी हुई सामग्री का सहारा लेना (Make use of past associations) : प्रत्येक व्यक्ति में कुछ स्मृतियाँ स्थायी रूप से पायी जाती हैं, जो जीवन भर उसके साथ रहती हैं। जो नयी चीज़ हम याद रखना चाहते हैं, यदि हम उनका सम्बन्ध किसी याद की हुई चीज़ से जोड़ लें, तो वह हमें बेहद जल्द याद हो जाती है। उदाहरण के लिए आपकी जन्म तिथि 5 नवम्बर है। नेहरूजी की जन्म तिथि 14 नवम्बर है। नेहरू जी की जन्म तिथि याद रखने के लिए आप अपनी जन्म तिथि में 9 जोड़ देंगे, तो वह नेहरू जी की जन्म तिथि होगी। इसी प्रकार इतिहास के अध्ययन में तिथियों, घटनाओं को इन्हीं साहचर्यों द्वारा याद किया जा सकता है।

जितना सम्भव हो सके, कार्य को वितरित करके सीखें (Distribute your learning as much as possible) : आमतौर पर किसी भी चीज़ को एक ही बार में नहीं सीखा जा सकता। इसलिए विश्राम देकर जितनी अधिक बैठकें आप उस चीज़ को सीखने के लिए देंगे, उतना ही आपको लाभ होगा।

जहाँ तक सम्भव हो, विषय या सामग्री को बिना देखे दोहराएँ (Rehearce or recite whenever possible) : जब आप किसी चीज़ को याद कर लें, तो बाद में उसे बिना दोहराएँ देखे। दोहराते समय जहाँ कठिनाई महसूस हो, वहाँ फिर से देखें। धीरे–धीरे दोहराने की अपेक्षा ज़ोर से दोहराने से चीज़ों को याद रखने में कम समय लगता है। कुछ विषय सामूहिक रूप में दोहराने से अधिक लाभ होता है। आपने ग़ौर किया ही होगा कि विद्यालयों में आमतौर पर कोई गीत या कविता सामूहिक पाठ के द्वारा ही याद करायी जाती है।

सीखने के बाद नींद या आराम (Rest or sleep after learning) : किसी भी चीज़ को सीखने के बाद आराम कर लेने से सीखी हुई बात स्मृतिपटल में स्थिर हो जाती है। इसलिए कठिन सामग्री को सोने से पहले याद कर लेना चाहिए।

पूर्ण तथा खण्डित विधि (Whole and part methods) : जहाँ तक सम्भव हो, किसी भी विषय या सामग्री को खण्डों में बाँटकर न सीखें। सारे विषय को एक साथ सीखने का प्रयास करें। जब सामग्री बहुत लम्बी हो, तो उसे खण्डों में बाँट लें, परन्तु इससे पहले पूरी सामग्री को अच्छी तरह से एक–दो बार अवश्य पढ़ लें।

अपनी स्मरण-शक्ति परखिए

प्रिय पाठकों! इस कोर्स को पूरा करने के बाद आपकी स्मरण–शक्ति कितनी बढ़ी

है? यह जानने के लिए हम आपकी स्मरण–शक्ति का एक छोटा–सा परीक्षण करते हैं, जो इस बात की पुष्टि करेगा कि आज आपकी मेमोरी पॉवर कितनी विकसित है?

तो इसी बात पर आप निम्नलिखित शब्दों को एक क्रम में 5 मिनट में याद करें–

परीक्षण 1. अंक 20

Venue	Vegetable	Vice chancellor
Weaker Sex	White livered	Wind bag
Thick headed	Thin skinned	Tin horn
Stag party	Starry eyed	Stiff necked
Red haired person	Right as rain	Regular molly
Pro□cient	Propaganda	Protectorate
Curriculam vitae	Cut and dried	Cyanide
Agoraphobia	Aquarian	Autonomous
Deport	Discretion	Distributive
Gruesome	Gullible	Gynaecologist
Melancholia	Medulla	Millennium
Quack	Quantum	Quintessence
Of□cious	Oil cloth	Ordonnance
Bioscope	Bizarre	Boast
Interim	Interlock	Italian

निम्नलिखित तिथियों को आप 2 मिनट में याद करें–

परीक्षण–2 अंक–10

1. अकबर का जन्म : 1542
2. अकबर का शासनकाल : 1556–1605
3. सिंहासन पर विराजमान हुआ : 1556
4. मालवा पर विजय पताका फहरायी : 1561
5. तीर्थ–कर समाप्त किया : 1563
6. जजिया–कर समाप्त किया : 1564
7. चितौड़ पर विजय–पताका फहरायी : 1568
8. फतेहपुर सीकरी का निर्माण कराया : 1572
9. हल्दी–घाटी का युद्ध लड़ा : 1576
10. दीन–ए–इलाही की शुरूआत की : 1582

निम्नलिखित नामों और अंकों को 2 मिनट में याद करें–

परीक्षण–3 अंक–10

1.	ड्राइविंग लाइसेंस नम्बर	: P04021999118305
2.	इंश्योरेंस कार्ड नम्बर	: NIC-IHI-300912-641824
3.	बाइक की रजिस्ट्रेशन तिथि	: 24/06/2005
4.	बाइक का नम्बर	: DL 3S AQ 6482
5.	मोबाइल नं.	: 09313665183

निम्नलिखित पंक्तियों को 1 मिनट में याद करें–

परीक्षण–4 अंक–10

घृणा करनेवाला उस समय यह नहीं जानता कि वह अपने ही विचारों को दूषित कर रहा है और अपने ही शरीर के अन्दर विष घोल रहा है। घृणा करने वाला अपने ही मन को विचलित करता है। इसलिए आपको किसी से घृणा हो गयी हो, तो अपने लिए ही आप घृणा की भावना छोड़ दीजिए। कम से कम दूसरे व्यक्ति में कुछ गुण ढूँढ़ने की कोशिश कीजिए। कम–से–कम इतना तो अवश्य याद रखिए कि वह व्यक्ति भी अपने परिवार और अपनी परिस्थितियों की उपज है, जो उसे विरासत में मिली है।

निम्नलिखित व्यक्तियों के नाम एवं उनकी जन्म–तिथियों को 2 मिनट में याद करें–

परीक्षण–5 अंक–10

1. वन्दना वोहरा 21 फरवरी 1973

2. दीप्ति नागपाल 21 अगस्त 1983
3. अरविन्द आनन्द 11 अक्टूबर 1970
4. शालिनी जौली 30 दिसम्बर 1970
5. संगीता सिंह 7 जनवरी 1970
6. डा. रजनी चौधरी 18 अक्टूबर 1970

यह प्रश्न–पत्र 50 नम्बरों का है।

अब आप उपर्युक्त प्रश्नों के उत्तर दीजिए और स्वयं जाँच कीजिए कि आपकी मेमोरी पॉवर कितनी विकसित है? बतायी गयी स्मरण–शक्ति विकसित करने की तकनीकों का पूर्ण रूप से पालन करना चाहिए।

➢ यदि आपने 50 में से 40 अंक प्राप्त किये हैं, तो आपकी स्मरण–शक्ति विलक्षण है।

➢ यदि आपने 25 अंक प्राप्त किये हैं, तो आपकी स्मरण–शक्ति औसत है।

➢ यदि आपने 20 से कम अंक प्राप्त किये हैं, तो आपको इस पुस्तक का विशेष रूप से अध्ययन तथा अभ्यास करने पड़ेंगे, तभी आप अपनी स्मरण–शक्ति बढ़ा पाने में सफल हो पायेंगे।

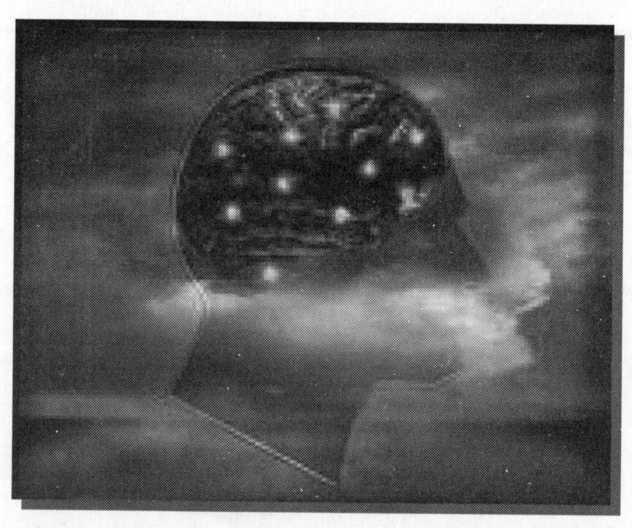

***

उत्तम स्मृति के मूल मन्त्र

मधुर स्मृति किसी स्वर्गीय संगीत की भाँति जीवन के तार–तार में व्याप्त रहती है।
–प्रेमचन्द

प्रिय पाठकों! आज आप जानेंगे कि उत्तम स्मृति के मूल मन्त्र क्या–क्या हैं? मुझे यक़ीन है कि इस अध्याय को सीखने के बाद आप स्मरण–शक्ति को विकसित करने वाले अपने मिशन में निर्बाध रूप से आगे बढ़ते जायेंगे।

अनुभूति

अनुभूति का हमारे जीवन में महत्त्वपूर्ण योगदान है। अनुभूति या प्रत्यक्ष ज्ञान हमें निरन्तर कुछ नया करने और आगे बढ़ने की प्रेरणा देता है। यह अनुभूति का ही कमाल है कि हमारी समझ और परख बेहतर ढंग से कार्य करती है।

अपनी अनुभूति या प्रत्यक्ष ज्ञान की क्षमता को विकसित करने के लिए आप एक अभ्यास करें। दिन में आपको जब भी समय मिले, आप बाज़ार जायें और कुछ देर तक एक ऐसे शो–रूम के बाहर ठहरें, जिसकी शो विण्डो में सजावटी वस्तुएँ रखी हों। आप उन वस्तुओं को दो–तीन मिनट तक बड़े ध्यान से देखिए और फिर घर आकर एक नोट बुक में नोट कर लें।

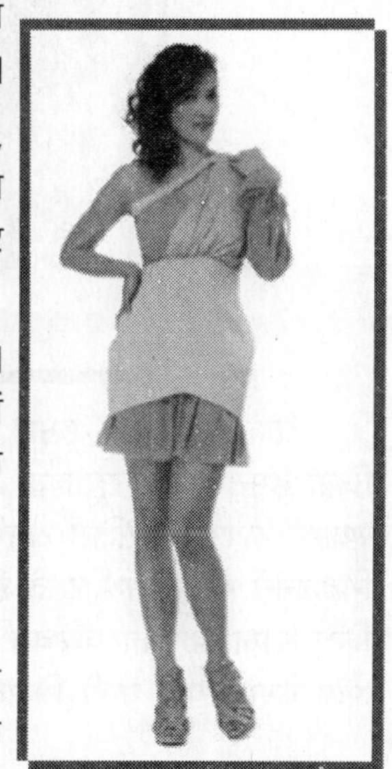

अगले दिन जब आप उस शो–रूम के सामने से गुज़रें, तो यह जानने का प्रयास करें कि जिन वस्तुओं को आपने ध्यान से देखा था, वे अब भी वहाँ हैं, या उन्हें कहीं और रख दिया गया है ?

कुछ दिनों तक आप लगातार यह अभ्यास कीजिए। बार–बार अभ्यास के बाद आप पायेंगे कि आपकी आँखें अवलोकन के लिए पहले से अधिक संवेदनशील हो गयी हैं।

अभिरुचि

हमारी स्मरण–शक्ति को विकसित करने में अभिरुचि महत्त्वपूर्ण कार्य करती है। पिछले अध्याय द्वारा आप जान

ही गये होंगे कि स्मृति के विकास के लिए संवेदनशील मस्तिष्क का होना बेहद ज़रूरी है। मनोवैज्ञानिकों के अनुसार मस्तिष्क में स्मृतियों के भण्डार के लिए संवेदनशीलता एक बड़े द्वार का काम करती है।

पुनर्गठन

हमारा मस्तिष्क एक विशाल पुस्तकालय की तरह है, जिसमें लाखों पुस्तकें हैं। ज़रा सोचिए, किसी विशाल पुस्तकालय में पुस्तकों का कोई सुव्यवस्थित क्रम न हो और कोई पुस्तक सूची (Catalougue) भी न हो, तो क्या होगा? निःसन्देह ऐसे पुस्तकालय से हमें अपनी पसन्द की पुस्तक को ढूँढ़ने के लिए एक–एक करके सभी पुस्तकों को देखना पड़ेगा। इस तरीक़े से यदि हम अपनी मनचाही पुस्तक को ढूँढ़ नहीं पायेंगे, तो हम सीधा इस नतीजे पर पहुँचेंगे कि वह पुस्तक, पुस्तकालय में नहीं है, जबकि हक़ीकत तो यह है कि वह पुस्तक पुस्तकालय में ही मौजूद है, जिसे हम वास्तव में ढूँढ़ने में नाकाम रहे हैं।

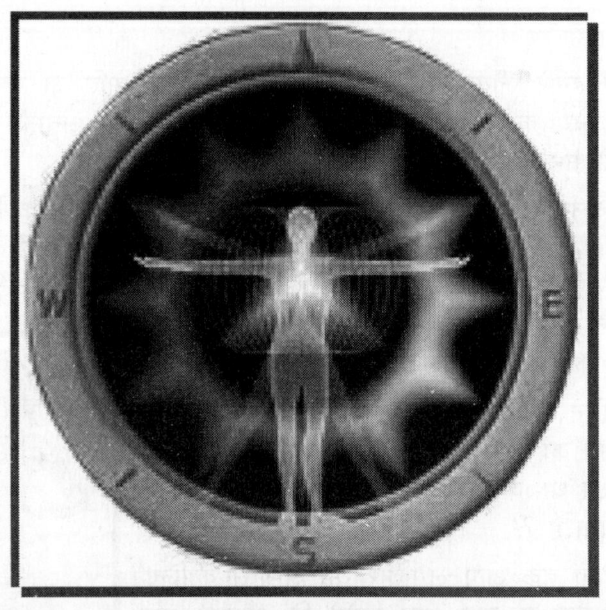

ठीक यही बात हमारे दिमाग के मामले में भी लागू होती है। वह प्रत्येक वस्तु जिसे हमने देखा, सुना या महसूस किया है, हमारे दिमाग के किसी–न–किसी भाग में स्थायी रूप से सुरक्षित रहती है, लेकिन कभी–कभी हम उस सामग्री या विचार को ढूँढ़ निकालने में असमर्थ रहते हैं। तब हम फ़ौरन कह देते हैं कि भूल गये हैं। उदाहरण के लिए आज आपका परिचय किसी व्यक्ति (विनय) से कराया गया। कुछ समय पश्चात् आप उससे पुःन कहीं मिलते हैं और आपको उसका नाम याद नहीं हो पाता, तब आप

उससे कहते हैं कि वह अपने नाम के चार विकल्प दे, तो आपको उसका नाम याद आ जायेगा। वह व्यक्ति जब चार नाम–जितेन्द्र, विजेन्द्र, अनिल तथा विनय बताता है, तो आप झट से पहचान लेते हैं कि उसका नाम 'विनय' है।

इस उदाहरण से आप समझ ही गये होंगे कि आप उसका नाम भूले नहीं थे, बल्कि आप अपनी स्मृति में उसका नाम ढूँढ़ नहीं पाये थे। ऐसा इसलिए होता है, क्योंकि आप कोई मानसिक सूची नहीं रखते। इस बात को हम यों भी कह सकते हैं कि आप अपने मन रूपी पुस्तकालय की कोई सूची तैयार नहीं कर पाये थे। इसलिए आपको उसका नाम याद करने के लिए ज़ेहनी मशक़्क़त करनी पड़ी थी। इसलिए हमें चाहिए कि हम जो कुछ भी देखें, पढ़ें या सीखें, उसे अपने मन में व्यवस्थित कर लें, ताकि ऐन वक़्त पर हमें अपने मस्तिष्क रूपी पुस्तकालय में मनचाही पुस्तकें ढूँढ़ने के लिए अपना क़ीमती वक़्त ज़ाया न करना पड़े।

अगर आप किसी भी वस्तु को ध्यान से देखें, तो आपका मस्तिष्क स्वयं ही प्राप्त सूचनाओं को व्यवस्थित करने लगता है। इस बात की पुष्टि के लिए निम्नलिखित संख्याओं को ध्यानपूर्वक देखिए और याद करने की कोशिश कीजिए–

सूची–1

9 8 7 6 5 4 3 2 1

सूची–2

2 4 6 8 1 3 5 7 9

सूची–3

1 3 5 7 9 2 4 6 8

सूची–4

2 1 4 3 6 5 8 7 9

ये संख्याएँ आपको आसानी से याद हो जायेंगी, क्योंकि इन्हें पढ़ते के बाद आपने पाया होगा कि पहली सूची में 1 से 9 तक अंक उल्टे क्रम में लिखे गये हैं। दूसरी सूची में सम संख्याएँ पहले हैं, बाद में विषम संख्याएँ। तीसरी सूची में विषम संख्याएँ पहले हैं और सम संख्याएँ बाद में तथा चौथी सूची में बड़ी संख्या को पहले रखा गया है, छोटी संख्या को बाद में। अतः जब भी आप कुछ पढ़ें, तो सामग्री को व्यवस्थित करने का प्रयास करें। इस तरह आपको न केवल अपनी स्मरण–शक्ति का विकास करने में सहायता मिलेगी, बल्कि आपकी मानसिक क्षमता भी बढ़ेगी।

सामंजस्य

प्राचीन समय में माना जाता था कि उत्तम स्मरण–शक्ति के लिए मस्तिष्क को तनाव और क्रोध से मुक्त रखना चाहिए। इस सम्बन्ध में गीता में कहा गया है कि 'क्रोध' विवेक और स्मृति का नाश करता है। यह बात आज भी शत्–प्रतिशत सत्य है। जब हम शान्त मन से किसी सामग्री या विषय का अध्ययन करते हैं, तब हम उसे

अति शीघ्रता से स्मरण कर लेते हैं। अतः हमें शान्त मनःस्थिति में अध्ययन करना चाहिए, तभी विषय के साथ सामंजस्य स्थापित हो पाता है और चीज़ें याद रह पाती हैं।

मेलजोल/साहचर्य

महाभारत में एक कथा है, जिससे स्पष्ट होता है कि कैसे द्रोणाचार्य ने मेलजोल व साहचर्य–विधि द्वारा पाण्डवों को प्रभावित किया था। हुआ यों था कि एक बार पाण्डवों की गेंद एक कुएँ में गिर गयी थी। द्रोणाचार्य ने पहले एक कुश की सींक कुएँ में पड़ी गेंद पर मारी। वह सीधा गेंद में घुस गयी, फिर उन्होंने दूसरी कुश की सींक को पहले पर फेंका, वह पहले वाली सींक से जुड़ गयी। इस प्रकार एक–एक करके द्रोणाचार्य ने कुश की सींकों की एक श्रृंखला बना ली, फिर उसकी मदद से कुएँ में पड़ी गेंद बाहर निकाल ली।

ठीक इसी प्रकार हम भी अपने अल्प स्मृति–बैंक से आवश्यकतानुसार सूचनाओं की गेंद बाहर निकालते हैं।

मेलजोल या साहचर्य के बारे में महान् मनोवैज्ञानिक विलियम जेम्स का कहना है कि हमारा दिमाग़ एक साहचर्य यन्त्र है। साहचर्य का अर्थ, सम्बन्ध अथवा संयोजन से है। 'साहचर्य' चेतना की प्रारम्भिक विशेषता तथा नाड़ी–संस्थान की प्रारम्भिक क्रिया भी है। व्यक्ति के विभिन्न प्रकार के अनुभवों में पाये जाने वाले सम्बन्ध और संगठन 'साहचर्य' के कारण ही बनते हैं।

यह देखा गया है कि व्यक्ति के मानस पटल पर जब दो अनुभव एक–दूसरे के आगे–पीछे अथवा साथ–साथ उपस्थित होते हैं, तब उन अनुभवों के बीच एक विशेष सम्बन्ध स्थापित हो जाता है। भविष्य में जब कभी इनमें से एक अनुभव मानस–पटल पर उपस्थित होता है, तो दूसरा सम्बन्धित अनुभव साहचर्य के कारण स्वतः उपस्थित हो जाता है। महान् दार्शनिक अरस्तू का विचार था कि हमें एक वस्तु इसलिए याद होती है कि वह दूसरी वस्तु के समान अथवा विरोधी होती है। अतः जब हम कोई विषय–सामग्री पढ़ते हैं, तब उस सामग्री के तथ्य, आँकड़ें, सूचना एवं घटनाएँ इत्यादि दिमाग़ में पूर्व से उपस्थित समान जानकारी के साथ चेन की कड़ियों की भाँति जुड़ती चली जाती हैं। अतः एक ही अर्थात् समान विषय पर हम जितना अधिक अध्ययन

करेंगे, उतने अधिक साहचर्य हमारे दिमाग़ में बनेंगे। उतनी ही अधिक सामग्री हम स्मरण रख सकेंगे।

एक अन्य मनोविज्ञान के सिद्धान्त के अनुसार ऐसा मानें कि दिमाग़ में करोड़ों खूँटियाँ हैं। प्रत्येक खूँटी पर असंख्य जानकारियाँ, तथ्य, घटनाएँ और दृश्य टँगे हुए हैं। एक खूँटी के पुनः स्मरण से उस पर टँगी सारी सामग्री आपको एक के बाद एक पुनः स्मरण हो उठेगी। यह भी मनोवैज्ञानिक अध्ययनों से प्रमाणित हो चुका है कि एक खूँटी से आप एक समान कितनी भी सामग्री जोड़ सकते हैं।

साहचर्य की नौ विधियाँ हैं, जो हमारी स्मरण–शक्ति विकसित करने में महत्त्वपूर्ण भूमिका निभाती हैं। ये विधियाँ हैं–

1. **व्यवस्थापन :** व्यवस्थापन द्वारा हम अपने मस्तिष्क के किसी हिस्से या भाग में कुछ निश्चित शब्द या विचार संग्रहीत करते हैं तथा दूसरे भाग में दूसरी चीज़ों को रख सकते हैं, जिन्हें हम याद करना चाहते हैं। व्यवस्थापन का एक तरीक़ा यह है कि हम उस स्थान की विस्तृत कल्पना करें, जहाँ हमने अपने विचारों या शब्दों को रखा है।
2. **समानता :** अर्थ एवं रूप में समानता भी हमारे लिए साहचर्य सम्बन्ध ढूँढ़ने में सहायक हो सकती है। उदाहरण के तौर पर भूत–प्रेत एवं दिव्यात्मा, ग़रीब एवं विपन्न, उल्लसित एवं प्रसन्न, काम एवं श्रम इत्यादि।
3. **ध्वनि :** ध्वनि के आधार पर गुनगुनाने से हम कई चीज़ों को बेहतर ढंग से याद रख सकते हैं। विज्ञापनों में ध्वनि का महत्त्वपूर्ण स्थान है। इसके द्वारा हम कोई भी कविता या गीत आसानी से याद कर सकते हैं।

4. **विलोम :** विलोम शब्द भी हमारी स्मरण–शक्ति को विकसित करने में सहायक होते हैं। उदाहरण के तौर हम गरम–ठण्डा, पहाड़–खाई, सरदी–गरमी, उल्टा–सीधा, अच्छा–बुरा आदि शब्दों को विलोम शब्दों द्वारा आसानी से याद कर सकते हैं।

5. **वर्गीकरण :** वर्गीकरण करना भी शब्दों के साहचर्य का एक उत्तम तरीक़ा है। उदाहरण के तौर पर साँप और छिपकली सरीसृप वर्ग में आते हैं। स्त्री और पुरुष मानव वर्ग में आते हैं। इसी प्रकार से हम अन्य वस्तुओं का वर्गीकरण करके उन्हें सुगमता से याद रख सकते हैं।

6. **विस्तारण :** हम जो कुछ भी सुनते हैं, कल्पना के माध्यम से उसे अपने मस्तिष्क में साकार रूप देते हैं। उदाहरण के तौर पर यह वाक्य कि 'A quick brown fox jumps right over a little lazy dog' याद रखने के लिए हम कल्पना करते हैं कि एक भूरी लोमड़ी आराम से लेटे हुए कुत्ते पर कूद पड़ी। इस वाक्य की एक विशेषता यह भी है कि इसमें अँग्रेज़ी वर्णमाला के सभी अक्षर विद्यमान है।

7. **गुण :** नीला रंग आसमान का गुण है, आँच आग का गुण है, ठण्डापन बर्फ़ का गुण है। इस तरह गुणों के आधार पर हम अधिकांश वस्तुओं को याद रख सकते हैं।

8. **पारस्परिकता :** पारस्परिकता भी मेलजोल या साहचर्य का एक महत्त्वपूर्ण कारक है। पानीपत का युद्ध अहमदशाह अब्दाली, मराठों, इब्राहिम लोदी और बाबर के बीच हुए युद्ध से सम्बन्धित है। प्लासी का युद्ध लॉर्ड क्लाइव, सिराजुद्दौला और 1857 के संग्राम से सम्बद्धता दर्शाता है। इस प्रकार घटनाओं के पारस्परिक सम्बन्ध से हम उन्हें याद रख सकते हैं।

9. **प्रभाव एवं कारण :** प्रभाव एवं कारण भी साहचर्य के दो महत्त्वपूर्ण पक्ष हैं। उदाहरण के तौर पर सूखा, अकाल एवं विपन्नता, वर्षा, फ़सल एवं समृद्धता आदि स्थितियाँ प्रभाव एवं कारणों के परिणामस्वरूप ही सामने आती हैं।

इन्द्रियों का उपयोग

इन्द्रियों का उपयोग हमारी स्मरण–शक्ति विकसित करने में महत्त्वपूर्ण भूमिका निभाता है, अतः जो कुछ हमें अपने स्मृति–बैंक में जमा करना है, हमें चाहिए कि हम उसे ध्यान से देखें और सुनें। अपनी कल्पना द्वारा अपने मन में उसका विस्तृत रूप देखें।

उससे सम्बन्धित गन्ध का अनुभव करें, सम्बन्धित स्वाद को महसूस करें।

आमतौर पर किसी विषय या सामग्री को याद करते या सीखते समय हम अपनी निम्नलिखित इन्द्रियों का उपयोग करते हैं–

1. देखने की इन्द्री (Sense of vision)
2. सुनने की इन्द्री (Sense of hearing)
3. सूँघने की इन्द्री (Sense of smell)
4. चखने की इन्द्री (Sense of taste)
5. स्पर्श की इन्द्री (Sense of touch)
6. गति–संवेदन की इन्द्री (Sense of kinesthesia)

अतिशयोक्ति

हमारे मस्तिष्क की एक विशेषता यह है कि बढ़ा–चढ़ाकर कही गयी बातें यह शीघ्रता से याद कर लेता है। उदाहरण के तौर पर कोई हमारे सामने किसी पतले व्यक्ति का इस प्रकार वर्णन करे कि उसका चेहरा लोमड़ी की तरह था, शरीर फट्टे जैसा था और कद बाँस की तरह लम्बा था, तो उस व्यक्ति की छवि हमारे मस्तिष्क में स्पष्ट रूप से उजागर हो जाती है और हम उसे फिर नहीं भूल पाते।

अजीबो-ग़रीब बातें

अजीबो–ग़रीब बातें हम शीघ्रता से याद कर लेते हैं। उदाहरण के तौर पर कोई स्त्री रिक्शा चलाये, तो हम उस स्त्री को नहीं भूल पायेंगे, क्योंकि किसी स्त्री द्वारा रिक्शा चलाना बड़ी ही अजीब बात है। हमारे मस्तिष्क का यह विशेष गुण है कि यह अजीबो–ग़रीब चीज़ों को शीघ्र स्वीकार कर लेता है और लम्बे समय तक याद रख सकता है। इसलिए हमें किसी विशेष सामग्री या विषय को याद करते समय उसकी मुख्य बातों को अजीबो–ग़रीब बातों से जोड़ देना चाहिए।

और अन्त में...

जिस वस्तु या सामग्री को आप याद करना चाहते हैं, तो उसकी मानसिक छवि ज़रूर बनायें, तभी आप अपनी स्मरण–शक्ति को विकसित करने में कामयाब हो सकते हैं।

सम्बन्ध/श्रृंखला-विधि (Chain Method)

जब आप किसी काम की शुरूआत करें तो असफलता से मत डरें और उस काम को न छोड़े। जो लोग ईमानदारी से काम करते हैं वह सदा प्रसन्न रहते हैं।

—चाणक्य

प्रिय पाठकों! मान लीजिए कि आपको 20 शब्द याद करने हैं, जिनका आपस में कोई सम्बन्ध नहीं है, तो आप उन्हें कैसे याद करेंगे? रट्टा लगाकर या किसी अन्य तरीक़े से? मैं समझता हूँ कि आपमें से ज़्यादातर लोग यही कहेंगे कि ऐसे शब्दों को रट्टा लगाकर ही जल्दी याद किया जा सकता है।

अगर मैं कहूँ कि ऐसे शब्दों को बिना रट्टा लगाये बहुत थोड़े समय में 'सम्बन्ध–विधि' द्वारा बड़ी आसानी से याद किया जा सकता है, तो... तो शायद आप मेरी बात पर यक़ीन नहीं करेंगे। ऐसी बात है, तो हाथ–कंगन को आरसी क्या? आप मेरी बातों को ध्यान से सुनिए और फिर 'सम्बन्ध–विधि' का कमाल देखिए।

ये 20 शब्द हैं–

1. पेन 2. सेलफ़ोन 3. बिल्ली 4. टीवी 5. ट्रेन 6. रुपया 7. केला 8. पलंग 9. कुत्ता 10. खिड़की 11. तलवार 12. रिवॉल्वर 13. मकड़ी 14. बोतल 15. चश्मा 16. डीवीडी प्लेयर 17. टेबल लैम्प 18. घड़ी 19. साइकल 20. किताब

जैसा कि आप जानते हैं कि कोई भी बेतुकी कल्पना हमारे दिमाग़ पर गहरी छाप छोड़ती है, इसलिए ऊपर बतायी गयी चीज़ों को याद करने के लिए आप जितनी बेतुकी कल्पना कर सकते हैं, करें। कोशिश करें कि आप ये सब चीज़ें 70 एमएम के परदे पर दृश्यों के रूप में देखें।

तो आइए! बेतुकी से बेतुकी कल्पना करने के लिए तैयार हो जाइए।

हमारी लिस्ट में पहला शब्द 'पेन' है। आप अपनी आँखें बन्द कीजिए और मन की आँखों से एक पेन देखिए। याद रखें, आपको 'पेन' शब्द को अपनी कल्पना में नहीं लाना है, बल्कि 70 एमएम के पर्दे पर मन की आँखों से देखना है। जब आप पेन की कल्पना करने में सफल हो जायें, तब आप हमारी लिस्ट के दूसरे आइटम पर नज़र डालिए।

हमारी लिस्ट में दूसरा शब्द 'सेलफ़ोन' है, इसलिए आप पेन और सेलफ़ोन का कोई सम्बन्ध बनाइए। ध्यान रहे कि यह सम्बन्ध जितना बेतुका हो, उतना ही बेहतर होगा।

70 एमएम के परदे पर आप देखिए कि आपके पेन के साथ आपका सेलफ़ोन भी जुड़ा हुआ है। आप पेन से लिख रहे हैं, तभी आपके सेलफ़ोन पर एक कॉल आती है। आप तुरन्त पेन से लिखना बन्द कर रहे हैं और सेलफ़ोन का ऑन का स्विच दबाकर बात कर रहे हैं। अगर यहाँ आपने यह कल्पना की होती कि एक जगह पर आपके पेन और सेलफ़ोन रखे हैं, तो आपकी कल्पना तार्किक हो जाती और फिर आप उसे बेहतर ढंग से याद नहीं रख पाते।

अपनी लिस्ट के पहले दो शब्दों का आप सम्बन्ध स्थापित कर चुके हैं। यानी कि आप यह कल्पना कर चुके हैं कि आपके 'पेन' के साथ आपका 'सेलफ़ोन' जुड़ा हुआ है। अब आप अपनी लिस्ट का तीसरा शब्द लीजिए। आपकी लिस्ट का तीसरा शब्द 'बिल्ली' है। इसलिए अब आप अपना सारा ध्यान 'बिल्ली' पर केन्द्रित कर दीजिए, और 'पेन' को अपने दिमाग़ से निकाल दीजिए। अब आपको 'बिल्ली' का सम्बन्ध

'सेलफ़ोन' से स्थापित करना है।

यहाँ आप कल्पना करें कि आपकी 'बिल्ली' आपके 'सेलफ़ोन' से बात कर रही है। आप यह कल्पना भी कर सकते हैं कि आपकी 'बिल्ली' आपके 'सेलफ़ोन' पर पंजे मार रही है।

अब आप अपनी लिस्ट के अगले शब्द 'टीवी' का सम्बन्ध 'बिल्ली' से जोड़िए। यहाँ आप कल्पना कीजिए कि आपकी 'बिल्ली' 'टीवी' देख रही है।

अगला शब्द 'ट्रेन' है। अब आप 'टीवी' और 'ट्रेन' को एक चेन में बाँधिए। यहाँ आप यह कल्पना कर सकते हैं कि एक 'ट्रेन' तेज़ी से जा रही है, जिसकी बोगियाँ 'टीवी' की बनी हुई हैं।

आपकी लिस्ट का अगला शब्द 'रुपया' है। अब आपको 'रुपये' को 'ट्रेन' से जोड़ना है। यहाँ आप यह कल्पना कर सकते हैं कि एक रुपये के सिक्के की एक ट्रेन पटरी पर तेज़ी से दौड़ रही है। यहाँ आपको ट्रेन के पहिये के बजाय उसके पैरों की कल्पना करनी है, क्योंकि पिछली तस्वीर में आप टीवी की बोगियों वाली ट्रेन को पहियों पर चलता हुआ देख चुके हैं।

आपकी लिस्ट का अगला शब्द 'केला' है। आपको केले का सम्बन्ध 'रुपये' से जोड़ना है। यहाँ आप यह कल्पना कर सकते हैं कि आप एक केले को छील रहे हैं, जिसका गूदा एक रुपये के सिक्के जैसा है।

केला और पलंग–कल्पना कीजिए कि एक 'पलंग' के पाये 'केले' के बने हुए हैं।

पलंग और कुत्ता–कल्पना कीजिए कि आपका 'कुत्ता' मज़े से आपके 'पलंग' पर खर्राटे भरते हुए सो रहा है।

कुत्ता और खिड़की–कल्पना कीजिए कि आपका 'कुत्ता' फ़िल्म स्टार सलमान ख़ान के अन्दाज़ में रेबेन का गोगल्स लगाये, हाफ़ बाजू की टी–शर्ट पहने, अपने हाथ बाँध कर खिड़की के पास खड़ा है। यहाँ आपको यह कल्पना करनी है कि आपका कुत्ता लेडीज़ डॉग्स पर लाइन मारने के लिए बन–सँवर कर खिड़की के पास खड़ा है।

खिड़की और तलवार–कल्पना कीजिए कि आप अपने हाथों में एक नंगी 'तलवार' लेकर 'खिड़की' से कूद रहे हैं।

तलवार और पिस्टल–कल्पना करें के आपके हाथ में एक 'पिस्टल' है, जिसकी नाल 'तलवार' की बनी है।

पिस्टल और मकड़ी–कल्पना कीजिए कि 'मकड़ी' के एक जाले में कीड़े की जगह एक 'पिस्टल' फँसी हुई है।

मकड़ी और बोतल–यहाँ आप यह कल्पना कर सकते हैं कि एक 'मकड़ी' एक 'बोतल' में घुसी हुई है।

बोतल और चश्मा–कल्पना कीजिए कि आपने एक 'चश्मा' पहना हुआ है, जिसमें ग्लासिज़ की जगह दो बोतलें लगी हैं।

चश्मा और डीवीडी प्लेयर– यहाँ आप यह कल्पना कर सकते हैं कि एक 'डीवीडी प्लेयर' का प्लग, बिजली के प्लग से जुड़ा न होकर, एक 'चश्मे' से जुड़ा हुआ है। यानी कि वह डीवीडी प्लेयर चश्मे से बिजली ले रहा है।

डीवीडी प्लेयर और टेबल लैम्प–कल्पना कीजिए कि एक 'डीवीडी प्लेयर' के स्पीकर 'टेबल लैम्प' के बने हुए हैं।

टेबल लैम्प और घड़ी–'टेबल लैम्प' में बल्ब की जगह एक 'घड़ी' लगी है, जिसमें से प्रकाश फूट रहा है।

घड़ी और साइकिल–कल्पना कीजिए कि आप एक 'साइकिल' चला रहे हैं, जिसके पहिये 'घड़ी' के बने हुए हैं।

साइकिल और किताब–कल्पना कीजिए कि आपकी 'साइकिल' एक बुक स्टोर के बाहर स्टैण्ड पर खड़ी है और उसके कैरियर पर मोटी–मोटी 'किताबें' रखी हैं।

पाठकों! आपने अपनी लिस्ट की 20 वस्तुओं की बेतुकी कल्पना की। आपको थोड़ा वक़्त ज़रूर लगा, लेकिन आपके ज़ेहन में 'पेन' से लेकर 'किताब' तक की वस्तुएँ गहरे पैठ गयी होंगी।

अब आप इन्हीं वस्तुओं के आधार पर एक कहानी तैयार कीजिए। यहाँ आपको इस बात का विशेष ख़्याल रखना है कि इस कहानी के नायक आप हैं और यह कहानी एक फ़िल्म के अन्दाज़ में 70 एमएम के पर्दे पर चल रही है।

आप अपने दफ़्तर में आकर अपनी सीट पर बैठकर 'पेन' निकालते हैं, तभी आप देखते हैं कि उसमें से धुआँ निकल रहा है। आप पेन को दो–तीन बार झटकते हैं, तो आप देखते हैं कि आपका पेन एक 'सेलफ़ोन' में बदल गया है। यह सब बताने के लिए आप अपने साथियों को इकट्ठा करते हैं। जब आप उन्हें यह बात बताते हैं, तब आपके साथी आपका उपहास उड़ाते हैं। आप अपनी जेब से 'सेलफ़ोन' निकालते हैं, तो उसमें से फिर धुआँ निकलना शुरू हो जाता है, फिर वह 'सेलफ़ोन' सबके देखते–देखते एक 'बिल्ली' के बच्चे में बदल जाता है। सब लोग बुरी तरह से हैरान हो जाते हैं। तभी ऑफ़िस के 'टीवी' में यह न्यूज़ आने लगती है कि किसी अमीर औरत की बिल्ली का बच्चा खो गया है। जो कोई उसके बारे में बतायेगा, उसे 50 लाख का इनाम दिया जायेगा। यह ख़बर सुनते ही आपके ऑफ़िस का सारा स्टॉफ़ आपसे बिल्ली का बच्चा झपटने की कोशिश करने लगता है। आप जैसे तैसे ऑफ़िस से भाग निकलते हैं और सीधा रेलवे–स्टेशन जाकर एक 'ट्रेन' में बैठ जाते हैं। पाठकों! इसके बाद की कहानी आप अपने शब्दों में पूरा कीजिए।

अब तो आपको यक़ीन हो गया होगा कि बेतुकी कल्पनाओं के द्वारा हम किसी वस्तु या विषय को कितनी जल्दी याद कर सकते हैं।

अब आप सम्बन्ध या चेन–विधि के बारे में कुछ टिप्स और जान लीजिए–

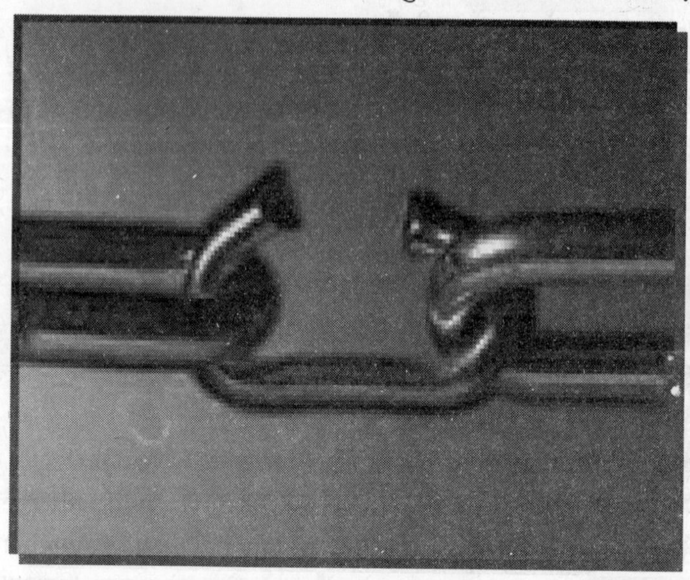

वस्तुओं की कल्पना करते समय आप उसका बड़े–से–बड़ा रूप अपनी मन की आँखों से देखेंगे, तभी आप उसे याद रखने में सफल होंगे।

➢ कोशिश कीजिए कि आपकी कल्पना स्थिर न होकर गति (Action) में हो। मान लीजिए आपको कुर्सी और खिड़की में सम्बन्ध जोड़ना है, तो आप मन की आँखों से यह देखिए कि आप बेहद गुस्से में एक कुर्सी खिड़की की ओर फेंक रहे हैं।

➢ कल्पना करते समय आप अतिशयोक्ति का उपयोग भी कीजिए। यानी आपकी कल्पना जितनी बेतुकी होगी, वह आपकी स्मरण–शक्ति को उतना ही विकसित करने में सहायक होगी।

अभ्यास

निम्नलिखित शब्दों का आप सम्बन्ध–विधि द्वारा सम्बन्ध स्थापित कीजिए और फिर इन शब्दों के आधार पर एक बेतुकी कहानी बनाइए।

1. सूर्य 2. काग़ज़ 3. घोड़ा 4. दूध 5. पंखा 6. कुर्सी 7. आलू 8. कप 9. बल्ब 10. पेड़।

स्मृति की भाषा

व्यक्ति अपने विचारों से निर्मित एक प्राणी है, वह जो सोचता है वही बन जाता है।

—महात्मा गाँधी

जो भी चाहे अपनी अन्तरात्मा की आवाज़ सुन सकता है, वह सबके भीतर है।

—महात्मा गाँधी

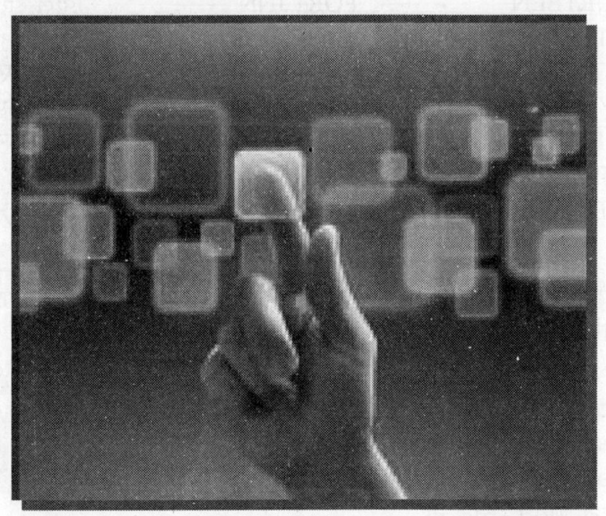

प्रिय पाठकों! जिस तरह किसी भाषा को सीखने के लिए हमें उसके वर्णाक्षरों (Alphabets) को याद करना होता है, ठीक उसी तरह 'स्मृति की भाषा' सीखने के लिए हमें इसके चिह्नों को याद करना पड़ता है। इन चिह्नों को स्मृति की भाषा में 'कोड्स' कहा जाता है। ये संख्या में 100 हैं।

फ़िलहाल हम 1 से 20 तक के स्मृति–चिह्न राइम–विधि के द्वारा याद करने की कोशिश करते हैं। आगे बढ़ने से पहले मैं आपको राइम–विधि के बारे में बता देता हूँ। राइम–विधि को आम भाषा में 'तुकबन्दी' कहा जाता है। जैसे–वन, सन, मन, तन, तथा रन आदि।

इस प्रकार पहली 20 संख्याओं के स्मृति–चिह्न इस प्रकार हैं–

			(स्मृति–चिह्न)
1. ONE	-	BUN	छोटा मीठा केक

2. TWO	-	ZOO	चिड़िया घर
3. THREE	-	TREE	पेड़
4. FOUR	-	FLOOR	फ़र्श
5. FIVE	-	KNIFR	चाकू
6. SIX	-	AFFIX	चिपकना
7. SEVEN	-	HEAVEN	स्वर्ग
8. EIGHT	-	MATE	मित्र
9. NINE	-	SHINE	चमकना
10. TEN	-	HEN	मुर्गी
11. ELEVEN	-	EVEN	सन्ध्या
12. TWELVE	-	SWERVE	मोड़ना / मोड़
13. THIRTEEN	-	BULLETIN	समाचार
14. FOURTEEN	-	FORT INN	किले की सराय
15. FIFTEEN	-	FIGHTING	लड़ाई
16. SIXTEEN	-	SICK & THIN	दुबला एवं पतला
17. SEVENTEEN	-	SAFETY PIN	सेफ़्टी पिन
18. EIGHITTEEN	-	EIGHIT TIN	आठ कनस्तर
19. NINETEEN	-	NINE PIN	नौ पिनें
20. TWENTY	-	SHANTY	कुटिया / झोपड़ी

इन बीस स्मृति–चिह्नों को आप अच्छी तरह से याद कर लीजिए।

जब ये बीस स्मृति–चिह्न आपको याद हो जायें, तब आप अपनी परीक्षा की जाँच निम्नलिखित रिक्त स्थानों को भरकर स्वयं की कीजिए।

1. 12 का स्मृति–चिह्न है : ....
2. 1 का स्मृति–चिह्न है : ....
3. 3 का स्मृति–चिह्न है : ....
4. 5 का स्मृति–चिह्न है : ....
5. 7 का स्मृति–चिह्न है : ....
6. 13 का स्मृति–चिह्न है : ....
7. 4 का स्मृति–चिह्न है : ....
8. 20 का स्मृति–चिह्न : ....
9. 14 का स्मृति–चिह्न है : ....
10. 6 का स्मृति–चिह्न है : ....
11. 15 का स्मृति–चिह्न है : ....
12. 9 का स्मृति–चिह्न है : ....
13. 16 का स्मृति–चिह्न है : ....
14. 10 का स्मृति–चिह्न है : ....
15. 12 का स्मृति–चिह्न है : ....
16. 19 का स्मृति–चिह्न है : ....
17. 11 का स्मृति–चिह्न है : ....

18. 18 का स्मृति–चिह्न है : ....

19. 17 का स्मृति–चिह्न है : ....

20. 8 का स्मृति–चिह्न है : ....

राइम-विधि का प्रयोग

देखा गया है कि जब हमें बाज़ार से ख़रीदारी करनी होती है, तो हम सामान की एक लिस्ट तैयार करते हैं। बाज़ार में पहुँचकर जब हमें पता चलता है कि हम सामान की लिस्ट घर भूल आये हैं, तब हम अपनी याददाश्त को कोसे बिना नहीं रहते। इसलिए जब भी आप बाज़ार में किसी सामान की ख़रीदारी करने जायें, तो राइम–विधि का इस्तेमाल कीजिए। इसके प्रयोग से आपको सामान की लिस्ट तैयार करने की ज़रूरत ही नहीं पड़ेगी।

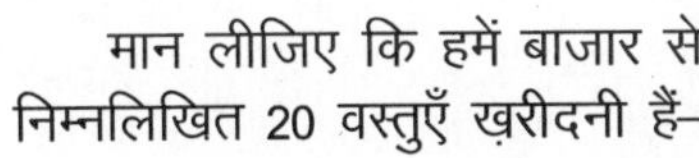
मान लीजिए कि हमें बाजार से निम्नलिखित 20 वस्तुएँ ख़रीदनी हैं–

1. साबुनदानी 2. शीशा 3. पेन 4. घड़ी 5. पेस्टल पेपर 6. नोटबुक 7. बिस्कुट 8. पुस्तक 9. पंखा 10. आलू 11. बल्ब 12. बाँसुरी 13. नेल रिमूवर 14. पेचकस 15. वॉशबेसिन का पाइप 16. सेल चार्ज़र 17. चॉकलेट 18. मेडिसिन 19. चाय 20. मल्टी प्लग।

अब आप बड़े ध्यान से राइम–विधि का प्रयोग सीखिए। हमारी सामान की लिस्ट की पहली वस्तु 'साबुनदानी' है और हमारी राइम–लिस्ट का पहला स्मृति–चिह्न 'बन' (छोटा मीठा केक) है।

इन दोनों चीज़ों को याद रखने के लिए आप अपने मन में यह मानसिक चित्र बनाइए कि आप 'बन' यानी कि छोटे मीठे केक की बनी एक 'साबुनदानी' बड़े मज़े से चाय में डुबो–डुबो कर खा रहे हैं।

वस्तु-2 शीशा

स्मृति–चिह्न Zoo (चिड़िया घर)

मानसिक चित्र : आप 'चिड़िया घर' में जा रहे हैं और यह देखकर हैरान हो रहे हैं कि वहाँ की सारी दीवारें 'शीशे' की बनी हुई हैं।

वस्तु-3 पेन

स्मृति–चिह्न : Tree (पेड़)

मानसिक चित्र : एक 'पेन' ख़रीदने के लिए आप ख़जूर के 'पेड़' पर चढ़ रहे हैं।

वस्तु-4 घड़ी

स्मृति–चिह्न : फ़र्श

मानसिक चित्र : एक बहुत बड़ी 'घड़ी' 'फ़र्श' पर गिरकर चकनाचूर हो रही है।

वस्तु-5 पेस्टल पेपर

स्मृति–चिह्न : नाइफ़

मानसिक चित्र : आप कई सारे 'पेस्टल पेपर' एक साथ एक 'चाकू' से काट रहे हैं।

वस्तु-6 नोटबुक

स्मृति–चिह्न : Af□x (चिपकाना)

मानसिक चित्र : आप अपनी फटी हुई 'नोटबुक' को 'चिपका' रहे हैं।

वस्तु-7 बिस्कुट

स्मृति–चिह्न : Heaven (स्वर्ग)

मानसिक चिह्न : आप अपनी पसन्द के 'बिस्कुट' 'स्वर्ग' में एक सिंहासन पर बैठकर खा रहे हैं।

वस्तु-8 पुस्तक

स्मृति–चिह्न : Mate (मित्र)

मानसिक चित्र : आपकी मनपसन्द 'पुस्तक' आपका 'मित्र' टुकड़े–टुकड़े करके लौटा रहा है और आप गुस्से से लाल–पीले हो रहे हैं।

वस्तु-9 पंखा

स्मृति–चिह्न : Shine (चमकना)

मानसिक चित्र : आपने एक 'पंखा' ख़रीदा है, जो बहुत 'चमक' रहा है, और जिसकी चमक से आपकी आँखें चुंधिया रही हैं।

वस्तु-10 आलू

स्मृति–चिह्न : Hen (मुर्गी)

मानसिक चित्र : आपने ढेर सारे 'आलू' ख़रीदे हैं, जिसे एक 'मुर्गी' दाने की तरह चुन–चुन कर खा रही है।

वस्तु-11 बल्ब

स्मृति–चिह्न : Even (सन्ध्या / शाम)

मानसिक चित्र : आपने अपने घर में शाम को एक पार्टी के लिए एक बहुत बड़ा 'बल्ब' ख़रीदा, जो 'शाम' को पार्टी के दौरान ही फ़्यूज़ हो गया।

वस्तु–12 बाँसुरी

स्मृति–चिह्न : Swerve (मुड़ना)

मानसिक चित्र : आप एक 'बाँसुरी' के साथ सड़क पर चल रहे हैं, और जैसे ही किसी मोड पर आप 'मुड़ते' हैं, आपकी बाँसुरी अपने आप बजने लगती है।

वस्तु–13 नेल रिमूवर

स्मृति–चिह्न : Bulletin (समाचार)

मानसिक चित्र : आप जब भी अपने नाखूनों की नेल पॉलिश हटाने के लिए 'नेल रिमूवर' का इस्तेमाल करने लगती हैं, तभी 'बुलेटिन' आने लगते हैं, जिसमें यह कहा जाता है कि नेल रिमूवर आपके नाखूनों को नुक़सान पहुँचाते हैं।

वस्तु–14 पेचकस

स्मृति–चिह्न : Fort inn (क़िले की सराय)

मानसिक चित्र : आप एक बहुत बड़ा 'पेचकस' लेकर एक क़िले में दाख़िल हो रहे हैं, जहाँ आपको 'क़िले की सराय' का ताला उस पेचकस से तोड़ना है।

वस्तु–15 वॉशबेसिन का पाइप

स्मृति–चिह्न : Fightting (लड़ाई)

मानसिक चित्र : आप जैसे ही अपने घर के 'वॉशबेसिन का पाइप' ख़रीदते ही हैं कि अचानक दुकानदार आपसे बिना किसी वजह से 'लड़ाई' करने लगता है।

वस्तु–16 सेल चार्ज़र

स्मृति–चिह्न : Sick – Thin (दुबला एवं पतला)

मानसिक चित्र : आप एक शॉप से जैसे ही महँगा 'सेल चार्ज़र' ख़रीदते हैं कि एक 'दुबला एवं पतला' आदमी वह सेल चार्ज़र आपसे छीन कर नौ दो ग्यारह हो जाता है।

वस्तु–17 चॉकलेट

स्मृति–चिह्न : Safety Pin (सेफ़्टी पिन)

मानसिक चित्र : आप जैसे ही एक 'चॉकलेट' खाते हैं, उसमें से एक 'सेफ़्टी पिन' निकलती है, जो आपकी जीभ को घायल कर देती है।

वस्तु–18 मेडिसिन

स्मृति–चिह्न : Eighit Tin (आठ कनस्तर)

मानसिक चित्र : कल्पना कीजिए कि आपने ढेर सारी 'मेडिसिन' ख़रीदीं, जिन्हें आप 'आठ कनस्तरों' में रखकर अपने घर ले जा रहे हैं।

वस्तु–19 चाय

स्मृति–चिह्न : Nine Pin (नौ पिनें)

मानसिक चित्र : आप एक कप में 'चाय' पीकर जैसे ही ख़त्म करते हैं कि आपको

उसमें 'नौ पिनें' दिखायी देती हैं।

वस्तु–20 मल्टी प्लग

स्मृति–चिह्न : झोपड़ी

मानसिक चित्र : आप 'मल्टी प्लग' ख़रीदकर एक ऐसी 'झोपड़ी' में लाते हैं, जहाँ बिजली की व्यवस्था ही नहीं है।

ऊपर बताये गये तरीक़ों की मदद से आप अपनी किसी भी लिस्ट की वस्तुएँ अच्छी तरह से तैयार कर सकते हैं। इसके लिए आप अपने शब्दों में एक बेतुकी कहानी भी बना सकते हैं।

अब आप इन सभी शब्दों को याद करके नीचे दिये गये रिक्त स्थान को भरकर अपनी याददाश्त की जाँच स्वयं कीजिए।

1	11. ....
2.	12 ....
3.	13 ....
4.	14..
5.	15 ....
6.	16 ....
7.	17 ....
8.	18 ....
9.	20..

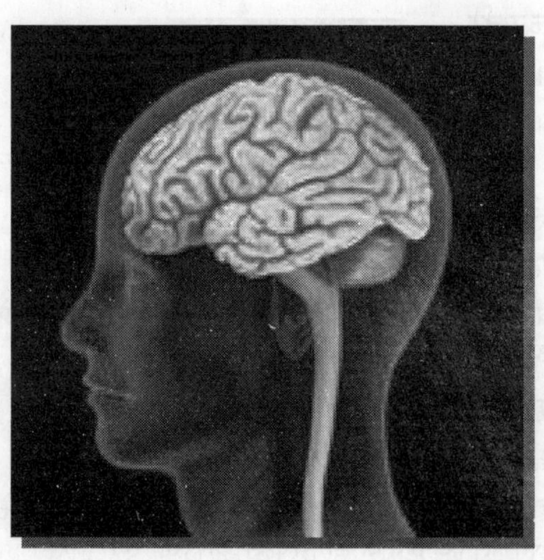

***

संख्या आकृति–विधि

जिस तरह से विभिन्न स्रोतों से उत्पन्न धाराएँ अपना जल समुद्र में मिला देती हैं उसी प्रकार मनुष्य द्वारा चुना हर मार्ग चाहे अच्छा हो या बुरा, भगवान तक जाता है।

–स्वामी विवेकानन्द

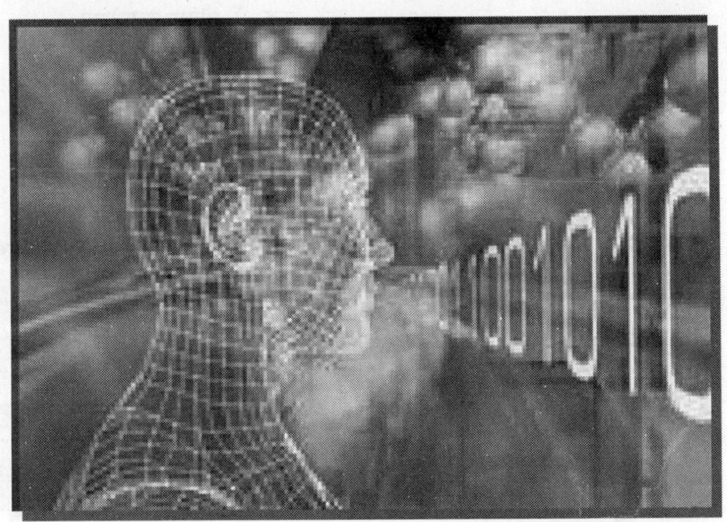

प्रिय पाठकों! पिछले अध्याय में हमने 1 से 20 तक के स्मृति–चिह्नों का अभ्यास राइम–विधि के द्वारा किया था। आज हम 21 से 60 तक की संख्याओं के स्मृति–चिह्न बनाने के लिए संख्या की आकृति का सहारा लेंगे।

संख्या	आकृति (जिस पर ध्यान केन्द्रित करना है)	मानसिक चित्र
21	1	कुतुबमीनार का चित्र
22	2	बत्तख़
23	3	त्रिशूल
24	4	मारुति वैन
25	5	हुक / काँटा

26	6	हाथी की सूँड
27	7	कुल्हाड़ा
28	8	सेब पर रखा सन्तरा
29	9	हाथ का पंखा
30	10	बैट और गेंद
31	11	बैसाखी
32	12	बत्तख़ किनारे पर
33	13	धनुष
34	14	नेता और झण्डा
35	15	हुक में फँसा कण्टेनर
36	16	पेड़ और हाथी
37	17	वायलिन
38	18	अँगीठी और पंखा
39	19	बत्तख़ और बॉल

इन स्मृति–चिह्नों को याद करने के बाद आप नीचे दिये रिक्त स्थानों को भरिए।

21.. 4..
22.. 1..
23.. 2..
24.. 6..
25.. 5..
26.. 3..
27.. 9..
28.. 7..
29.. 10..
30.. 8..
31.. 13..
32.. 14..
33.. 11..
34.. 15..
35.. 12..
36.. 17..
37.. 16..
38.. 18..
39.. 20..
40.. 19..

मूल्य-विधि

यहाँ हम 41 से 60 तक की संख्याओं के स्मृति–चिह्न बनायेंगे। इन चिह्नों के लिए हम मूल्य–विधि का प्रयोग करेंगे।

संख्या	संख्या का मूल्य (जिस पर ध्यान केन्द्रित करना है)	स्मृति-चिह्न
41	1	तीर (एक होता है)
42	2	पति–पत्नी (संख्या में दो होते हैं)
43	3	गाँधी जी के तीन बन्दर
44	4	(कार–कार के चार पहिये होते हैं)
45	5	हाथ (पाँच उँगुलियाँ होती हैं।)
46	6	रिवॉल्वर (6 गोलियाँ होती हैं।)
47	7	इन्द्रधनुष (7 रंग होते हैं।)
48	8	ऑक्टोपस (8 पैर होते हैं।)
49	9	नवग्रह (9 ग्रह होते हैं)
50	10	रावण (10 सिर होते हैं।)
51	11	क्रिकेट की टीम (11 खिलाड़ी खेलते हैं।)
52	12	1 दर्जन केले (1 दर्जन में 12 केले होते हैं।)
53	13	अशुभ संख्या
54	14	विधवा (14 दिन के बाद पति का स्वर्गवास हो गया था।)
55	15	15 अगस्त (स्वतन्त्रता–दिवस)
56	16	मिस इण्डिया काण्टेस्ट (16 मॉडल्स भाग ले रही हैं)
57	17	मालगाड़ी (17 बोगियाँ लगी हैं।)
58	18	मतदाता की आयु (18 साल)
59	19	1900 शताब्दी (कैलेण्डर की तस्वीर)
60	20	20 पैसे का सिक्का (प्रचलन में नहीं है)

इन स्मृति–चिह्नों को याद करने के बाद आप नीचे दिये रिक्त स्थानों को भरिए।

53.. 41......................................

47.................................... 57....................................

54.................................... 52....................................

48.................................... 42....................................

46.................................... 56....................................

58.................................... 60....................................

50.................................... 44....................................

59.................................... 55....................................

45.................................... 43....................................

51.................................... 49....................................

***

वर्णमाला एवं यादगार घटनाएँ – विधि

प्रत्येक प्राणी को जीवन में केवल एक बार अपने भाग्य की परीक्षा का अवसर मिलता है और वही भविष्य का निर्णय कर देता है।

–प्रेमचन्द

प्रिय पाठकों! वर्णमाला विधि के अन्तर्गत हम 61–80 संख्याओं के स्मृति–चिह्न बनायेंगे, जो अँग्रेज़ी के वर्णाक्षरों से सम्बन्धित हैं।

A	61	APPLE	K	71	KITE
B	62	BOY	L	72	LION
C	63	CAT	M	73	MOTHER
D	64	DOG	N	74	NEST
E	65	EAR	O	75	OWL
F	66	FATHER	P	76	PEN
G	67	GUN	Q	77	QUEEN
H	68	HOUSE	R	78	RABBIT
I	69	ICE	S	79	SEA

J	70	JOKER	T	80	TAILOR

इस प्रकार से हमारे निम्नलिखित स्मृति–चिह्न होंगे।

संख्या	**स्मृति-चिह्न**	**संख्या**	**स्मृति-चिह्न**
61	सेब	68	हाउस
62	लड़का	69	आइस / बर्फ
63	बिल्ली	70	जोकर
64	कुत्ता	71	पतंग
65	कान	72	शेर
66	फादर	73	मदर
67	गन	74	घोंसला
75	उल्लू	78	खरगोश
76	पेन	79	सागर
77	क्वीन (रानी)	80	टेलर

इन चिह्नों को अच्छी तरह से याद करने के बाद आप नीचे दिये गये रिक्त स्थानों को भरें–

72..	79..
62..	69..
75..	66..
63..	79..
77..	64..
70..	68..
67..	65..
61..	76..
73..	71..
80..	78..

यादगार घटनाएँ-विधि

पाठकों! मुझे यक़ीन है कि आपने 1 से लेकर 80 तक के स्मृति–चिह्नों को अच्छी तरह से याद कर लिया होगा, अगर आप किन्हीं कारणों इन्हें याद नहीं कर पाये हैं, तो इन चिह्नों को अच्छी तरह से याद करने के बाद ही इस पुस्तक में आगे पढ़ेंगे, तो बेहतर होगा।

आज मैं आपको कुछ यादगार घटनाओं के द्वारा स्मृति–चिह्न याद करने की विधि बताऊँगा। आशा करता हूँ कि आप इन चिह्नों को भी अपने ज़हन में अच्छी तरह से बैठा लेंगे।

81 से 100 तक की संख्याओं के स्मृति–चिह्न बनाने के लिए हम 1981 से सन् 2000 तक घटी कुछ प्रमुख घटनाओं को अपने ज़ेहन में अच्छी तरह बैठायेंगे। जैसे–

संख्या	**स्मृति-चिह्न**
81	**सेटेलाइट या उपग्रह** (भारत द्वारा अन्तरिक्ष में छोड़ा गया प्रथम सेटेलाइट, जिसका नाम APPLE है।)
82	**एशियन गेम्स** (दिल्ली में 9 वाँ एशियाड)
83	**नहर** (जैसलमेर में पानी पहुँचा)
84	**स्टेनगन** (श्रीमती इन्दिरा गाँधी की हत्या)
85	**क्षतिग्रस्त विमान** (एयर इण्डिया का विमान दुर्घटनाग्रस्त, 329 यात्री मारे गये।)
86	**मिजोरम** (मिजोरम देश का 23 वाँ राज्य घोषित)
87	**सती होती हुई स्त्री** (राजस्थान के देवराला गाँव में रूपकँवर सती हुई)
88	**राजकपूर** (2 जून को अभिनेता राजकपूर का निधन हुआ)
89	**फाँसी का फन्दा** (श्रीमती इन्दिरा गाँधी के हत्यारों को फाँसी लगायी गयी।)
90	**डॉक्टर भीमराव अम्बेडकर**

(14 अप्रैल को भीमराव जी को मरणोपरान्त 'भारत रत्न' से सम्मानित किया गया।)

91 **बम-विस्फोट**

(21 मई 1991 में भूतपूर्व प्रधानमन्त्री की हत्या की गयी)

92 **राष्ट्रपति**

(शंकरदयाल शर्मा भारत के 9वें राष्ट्रपति निर्वाचित)

93 **टाटा**

(भारतीय उद्योग के अग्रणी पुरुष जे. आर. डी. टाटा का निधन)

94 **ऐश्वर्या राय**

(ऐश्वर्या राय (अब बच्चन) मिस वर्ल्ड बनीं)

95 **हथियार**

(विदेशी विमान से पुरुलिया में हथियार गिराये)

96 **प्रधानमन्त्री**

(एच.डी. देवेगौड़ा प्रधानमन्त्री बने)

97 **कार-दुर्घटना**

(प्रिसेंज ऑफ़ वेल्स डायना कार–दुर्घटना में मारी गयीं)

98 **परमाणु बम**

(भारत ने 5 परमाणु परीक्षण किये)

99 **लाहौर बस**

(भूतपूर्व प्रधानमन्त्री अटल वाजपेयी की बस द्वारा लाहौर–यात्रा)

100 **सन् 2000**

(21 वीं शताब्दी का आगमन)

प्रिय पाठकों! अब आप इन स्मृति–चिह्नों का अच्छी तरह से याद करके नीचे दिये गये रिक्त स्थानों को भरें–

1. परमाणु बम का स्मृति–चिह्न है..
2. सन् 2000 का स्मृति–चिह्न है..
3. सेटेलाइट का स्मृति–चिह्न है..
4. स्टेनगन का स्मृति–चिह्न है..
5. डॉक्टर भीमराव अम्बेडकर का स्मृति–चिह्न है..
6. राष्ट्रपति का का स्मृति–चिह्न है..
7. मिस वर्ल्ड ऐश्वर्या राय का स्मृति–चिह्न है..
8. हथियारों के ज़खीरे का स्मृति–चिह्न है..
9. प्रधानमन्त्री का स्मृति–चिह्न है..
10. बम–विस्फोट का स्मृति–चिह्न है..
11. राजकपूर का स्मृति–चिह्न है..

12. नहर का स्मृति–चिह्न है...

13. एशियाड का स्मृति–चिह्न है..

14. क्षतिग्रस्त विमान का स्मृति–चिह्न है..

15. कार–दुर्घटना का स्मृति–चिह्न है...

16. फाँसी के फन्दे का स्मृति–चिह्न है..

17. मिजोरम का स्मृति–चिह्न है..

18. लाहौर बस का स्मृति–चिह्न है...

19. सती का स्मृति–चिह्न है...

20. टाटा का स्मृति–चिह्न है..

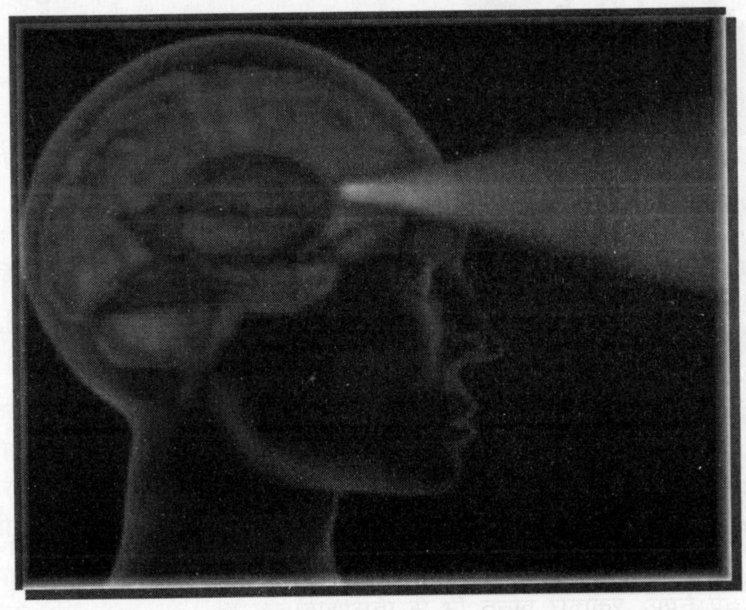

***

पुनरावृत्ति

हर वर्ष एक बुरी आदत को मूल (जड़) से खोदकर फेंका जाये, तो कुछ ही वर्षों में बुरे से बुरा व्यक्ति भी भला हो सकता है।

–सुकरात

प्रिय पाठकों! अब हमारे पास 1 से लेकर 100 तक के स्मृति–चिह्न हैं। जैसा कि आप जानते हैं कि इन चिह्नों को जब तक हम पूरी तरह से कण्ठस्थ नहीं कर लेंगे, हम किसी भी विषय या वस्तु को अच्छी तरह से याद नहीं कर पायेंगे। इसलिए मेरा आपसे विनम्र निवेदन है कि जब तक आप इन स्मृति–चिह्नों को अच्छी तरह से याद न कर लें, इस पुस्तक के अगले अध्यायों पर नज़र न डालें।

आपकी सुविधा के लिए मैं सारे स्मृति–चिह्न एक बार फिर से दोहरा देता हूँ।

संख्या	प्रयुक्त विधि
1–20	राइम–विधि (तुकबन्दी) (Rhyme Method)
21–40	आकार–विधि (Shape Method)
41–60	मूल्य–विधि (Value Method)
61–80	वर्णाक्षर–विधि (Alphabet Method)
81–100	प्रमुख घटनाओं की विधि (Major Events Method)

राइम-विधि (Rhyme Method)

संख्या	स्मृति-चिह्न	संख्या	स्मृति-चिह्न
1	Bun	2	Zoo
3	Tree	4	Floor
5	Knife	6	Af□x
7	Heaven	8	Mate
9	Shine	10	Hen
11	Even	12	Swerve
13	Bulletin	14	Fort in
15	Fighting	16	Sick Thin
17	Safety an	18	Eight Tin
19	Nine Pin	20	Shanty

आकार-विधि (Shape Method)

21	Qutub Minar	22	Duck
23	Trishul	24	Maruti Van
25	Hook	25	Elephant
27	Axe	28	Apple & Orange
29	Hand Fan	30	Bat Ball
31	Walker	32	Duck on the Bank
33	Bow	34	Leader and Flag
35	Hook & Axe	36	Tree & Elephant
37	Tree & Axe	38	Violin
39	Fire Place & Fan	40	Duck & Water Ball

मूल्य-विधि (Value Method)

41	Arrow	42	Spouse
43	Monkeys	44	Four Wheeler
45	Hand	46	Revolver
47	Rainbow	48	Octopus
49	Planets	50	Ravan
51	Cricket	52	Banana
53	Unlucky no	54	Widow
55	15 August	56	Crown
57	Goods Train	58	Voter's Age
59	1900 Century	60	Coin of 20 Paise

वर्णाक्षर-विधि (Alphabet Method)

61	Apple	62	Boy
63	Cat	64	Dog
65	Ear	66	Father

67	Gun	68	House
69	Ice	70	Joker
71	Kite	72	Lion
73	Mother	74	Nest
75	Owl	76	Pen
77	Queen	78	Rabbit
79	Sea	80	Tailor

स्मरणीय घटनाएँ-विधि (Event Method)

81	Satellite	82	Asian Games
83	Canal	84	Stain Gun
85	Shattered Plane	86	Mizoram
87	Sati	88	Raj Kapoor
89	Gallows	90	Rr. B.R. Ambedkar
91	Bomb Blast	92	President
93	Tata	94	Miss Word
95	Arms	96	Prime Minister
97	Car Accident	98	Atomic Bomb
99	Lahore Bus	100	2000

***

चौदहवाँ दिन

स्मृति-चिह्नों की परीक्षा

असफलताएँ कभी-कभी सफलता का आधार होती हैं। यदि हम अनेक बार भी असफल होते हैं, तो कोई बात नहीं। प्रयत्न करके असफल हो जाने की अपेक्षा प्रयत्न न करना अधिक अपमानजनक है।

—स्वामी विवेकानन्द

जो लोग सचमुच बुद्धिमान हैं, वे असफलताओं से कभी नहीं घबराते।

—शेक्सपीयर

प्रिय पाठकों! आशा है कि आपने सभी स्मृति-चिह्न अच्छी तरह से याद कर लिये होंगे। अब आप अपनी परीक्षा देने के लिए तैयार हो जाइए। इस परीक्षा के लिए आपको केवल 12 मिनट का समय दिया जायेगा। इस दौरान आपको रिक्त स्थान भरने हैं।

तो जल्दी से पैंसिल उठाइए और घड़ी में समय देखकर नीचे दिये रिक्त स्थानों को भरना शुरू कर दीजिए।

1.............................. 11.......................... 2...........................12........................ 3.....................
13........................ 4.......................... 14 .... 5 ....
15.............................. 6 .... 16 .... 7 ....
17.............................. 8.............................. 18 .... 9 ....
19.............................. 20.............................. 10 .... 21..........................
52.............................. 22.............................. 54........................... 23..........................
67.............................. 24.............................. 66........................... 25..........................
65.............................. 26.............................. 68........................... 29..........................
31.............................. 56.............................. 34........................... 53..........................
55.............................. 59.............................. 36........................... 62..........................
37.............................. 64.............................. 38........................... 70..........................
39.............................. 72.............................. 40........................... 41..........................
75.............................. 42.............................. 58........................... 43..........................
57.............................. 44.............................. 61........................... 45..........................
60.............................. 46.............................. 63........................... 47..........................
74.............................. 48.............................. 71........................... 49..........................

73..............................	50..............................	51..............................	76..............................
77..............................	89..............................	78..............................	90..............................
79..............................	91..............................	80..............................	92..............................
81..............................	93..............................	82..............................	94..............................
83..............................	95..............................	84..............................	87..............................
85..............................	86..............................	88..............................	96..............................
97..............................	98..............................	99..............................	100..............................

पन्द्रहवाँ दिन

खूँटी-सिद्धान्त

आज पढ़ना सब जानते हैं, पर क्या पढ़ना चाहिए, यह कोई नहीं जानता।

—जार्ज बर्नार्ड शॉ

जिसे पुस्तक पढ़ने का शौक है, वह सब जगह सुखी रह सकता है।

—महात्मा गाँधी

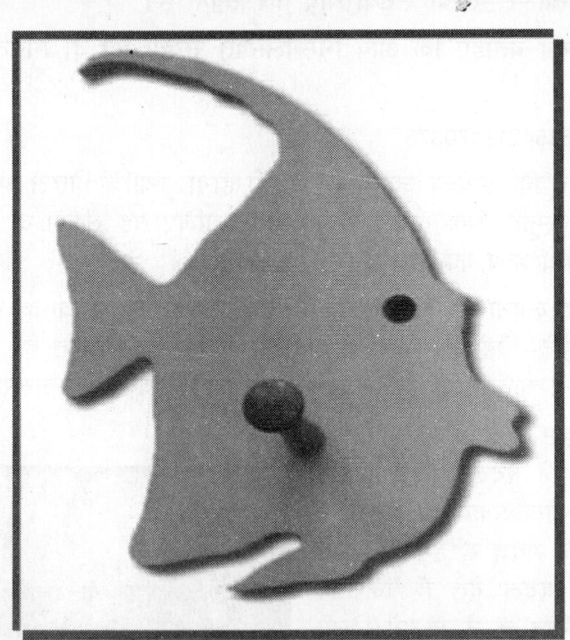

प्रिय पाठकों! यदि आपने इस पुस्तक का अच्छी तरह से अध्ययन और अभ्यास किया होगा, तो इस समय आपकी स्मरण–शक्ति यक़ीनन दोगुनी हो गयी होगी, लेकिन मेरा उद्‌देश्य आपकी स्मरण–शक्ति को चौगुनी करना है। इसलिए आज मैं आपको स्मरण–शक्ति की आत्मा कहे जाने वाले 'खूँटी–सिद्धान्त' के बारे में विस्तार से बताऊँगा। मुझे यक़ीन है, जब आप इस खूँटी–सिद्धान्त के बारे में जान लेंगे और अच्छी तरह से अभ्यास करेंगे, तो आपकी स्मरण–शक्ति इतनी तेज़ हो जायेगी कि आपके दोस्त व अन्य जान–पहचान वाले लोग आपकी स्मरण–शक्ति को देखकर हैरान हुए बिना नहीं रह पायेंगे।

तो आइए! इसी बात पर खूँटी–सिद्धान्त के बारे में जानने का प्रयास करते हैं।

सबसे पहले मैं आपसे एक सवाल पूछना चाहूँगा। सवाल यह है कि आप एक खाली दीवार पर कोई चीज़ टाँग सकते हैं? मैं जानता हूँ कि मेरे इस बेतुके सवाल पर आप मन–ही–मन यह सोच रहे होंगे कि आज मैंने नाश्ता में क्या खाया, जो मैं आपसे बेवकूफ़ों जैसा सवाल कर रहा हूँ। ज़ाहिर–सी बात है कि जब तक दीवार पर कोई खूँटी न हो, तो उस पर कोई चीज़ कैसे टाँगी जा सकती है।

सीधी–सी बात है कि जब तक हम खाली दीवार पर एक खूँटी नहीं टाँगेंगे, तो उस पर तस्वीर कैसे टाँग पायेंगे। कुछ ऐसी स्थिति मेमोरी पॉवर को बढ़ाने के लिए काम में आती है। अगर हम अपने मस्तिष्क में कई खूँटियाँ टाँग दें, तो हम उन पर अपनी स्मरण–शक्ति बढ़ाने वाले कई मानसिक चित्र टाँग सकते हैं और इन्हीं की मदद से हम लम्बी–से–लम्बी संख्या याद कर सकते हैं।

अब आप मुझे यह बताइए कि आप निम्नलिखित संख्या को दो मिनट में याद कर सकते हैं?

907145376854218170376

मैं जानता हूँ कि आपका जवाब 'हाँ' में ही होगा, क्योंकि पिछले अध्यायों में आप 1–100 तक के स्मृति–चिह्न याद कर चुके हैं। इसलिए यह संख्या दो मिनट में याद करना आपके बायें हाथ का खेल है।

आपका ऐसा कहना सौ फ़ीसदी ठीक है, क्योंकि आप इस संख्या को पिछले अध्यायों में सीखे गये स्मृति–चिह्नों की मदद से आसानी से याद कर सकते हैं। लेकिन मैं एक बात ज़रूर कहना चाहूँगा कि इस काम के लिए आपको वक़्त की जरूरत पड़ेगी।

लेकिन इस संख्या को आप खूँटी–सिद्धान्त की मदद से बड़े आराम से दो मिनट में सीख सकते हैं। वास्तव में इस सिद्धान्त की मदद से हम संख्याओं को वस्तुंओं में बदल देते हैं, जिसकी वज़ह से इन्हें याद करने में हमें किसी भी क़िस्म की परेशानी नहीं होती।

अब मैं अपनी बात को एक नया मोड़ देते हुए आपको बताता हूँ कि इस सिद्धान्त के जन्मदाता स्टेनिशलॉस (Stanislaus) थे और उन्होंने सन् 1648 में इस सिद्धान्त की रचना की थी। बाद में सन् 1730 में डॉक्टर रिचर्ड ने इन सिद्धान्तों में आवश्यक फेर–बदल किये

थे, जिसकी वज़ह से यह सिद्धान्त जनमानस में बेहद लोकप्रिय हुआ।

इस सिद्धान्त को सीखने के लिए कुछ नियमों की ज़रूरत होती है। अगर आप यह नियम सीख लेंगे, तो आपकी बुद्धि तथा स्मृति वास्तव में बहुत प्रखर हो जायेगी।

नियम–1 : अँग्रेज़ी वर्णमाला के VOWEL अक्षरों का प्रयोग हमें इस सिद्धान्त में नहीं करना है, अर्थात् जहाँ कहीं आपको VOWEL (AEIOU) दिखायी दे, आपको उन्हें इग्नोर, यानी कि अनदेखा कर देना है।

नियम–2 : इसी तरह आपको WHY यानी W H Y अक्षरों को भी अनेदखा करना है।

नियम–3 : खूँटी–सिद्धान्त का मूल आधार अक्षरों के उच्चारण की ध्वनियाँ और रचना है।

यदि आप एक बार निश्चित संख्या के साथ निश्चित ध्वनियाँ व अक्षर निर्धारित कर लेंगे, तो आप बाद में 100 अंकों की संख्या को भी बड़ी आसानी से याद कर सकेंगे।

आइए, अब हम ध्वनि व रचना के आधार में 1 से 0 तक की संख्याओं के मानसिक चित्र बनाने का प्रयास करते हैं।

संख्या अक्षर

1 T or d

(अक्षर T और d की रचना का मूल आधार एक नीचे की ओर गिरती रेखा है (I) है, इसलिए इन्हें 1 की संज्ञा दी जा रही है।)

2 N

(N अक्षर में दो नीचे की ओर गिरती रेखाएँ हैं, इसलिए इसे 2 माना गया है।)

3 M

(M में नीचे की ओर गिरती तीन रेखाएँ हैं, इसलिए इसे 3 की संज्ञा दी गयी है।)

4 R

(चूँकि Four की ध्वनि में R शब्द की प्रधानता है, इसलिए R को 4 माना गया है।)

5 L

(रोमन में L...50 होता है, इसलिए यहाँ हमने L को 50 की संज्ञा दी है।)

6 J,SH,CH,G

(यदि J को उल्टा किया जाये, तो इसका आकार 6 जैसा हो जाता है, बाक़ी के अक्षरों की ध्वनियाँ 'सिक्स' के उच्चारण में आ जाती हैं।

6 K

7 (यदि हम K को इस तरह से लिखें, तो इसकी सीधी और उल्टी आकृति 7

जैसी होगी।)

8 F, V

(अक्षर F और V में दो लूप हैं। इसलिए इन्हें '8' की संज्ञा दी है।)

9 P, b

(ये दोनों अक्षर उल्टे–पुल्टे करने पर '9' की तरह दिखायी देंगे, इसलिए इन्हें 9 संख्या माना गया है।)

0 S or Z

(Z Zero का प्रथम अक्षर है और कई शब्दों में Z का उच्चारण S के रूप में होता है। इसलिए इन्हें 0 की संख्या दी गयी है।)

खूँटी–सिद्धान्तों के अनुसार अब हमारे पास 1–0 तक के कोड हैं, जो कि इस प्रकार हैं।

1	T,d	6	J,SH, Ch, G
2	N	7	K, C, G
3	M	8	F, V
4	R	9	P, b
5	L	0	Z, S

(नोट : G अक्षर की ध्वनि जब GEE जैसी होगी, तब यह 6 अंक के अन्तर्गत आयेगा। जब इसकी ध्वनि Go जैसी हो, तब यह 7 अंक के अन्तर्गत आयेगा।

इसी प्रकार से जब C का उच्चारण COAT (K) होगा, तब इसे 7 के अन्तर्गत और जब इसका उच्चारण CENT (S) होगा, तब इसे 0 कैटेगरी मे माना जायेगा।

अक्षर Kn जब अपने मूक रूप में इस्तेमाल होंगे, तब इन्हें नगण्य मान लिया जायेगा, अर्थात् इन्हें अनदेखा करना पड़ेगा। उदाहरण के तौर पर Knee और Knife में K साइलेण्ट है, अतः इन्हें हम N अक्षर के अनुसार '2' मानेंगे।)

अब इन अक्षरों को अच्छी तरह से याद करने के लिए हम एक बेतुका मुहावरा बनाते हैं।

TeN MoRe LoGic FiBoS

1-2 3-4- 5-6-7-8-9-0

इन कोड्स को अच्छी तरह से याद करने का एक तरीक़ा यह भी है कि जब भी आप किसी नम्बर को देखें, फ़ौरन इन कोड्स में परिवर्तित कर लें। उदाहरण के तौर पर जब आपके सामने किसी कार का नम्बर 3746 आता है, तो आप इस नम्बर को इस प्रकार करें M K R J। यदि आपके सामने किसी के घर का पता 85–29 सामने आता है, तो आप इसे FL-NP में परिवर्तित करके याद करें। इसी तरह आप शब्दों को भी नम्बरों में परिवर्तित करने का अभ्यास करें। उदाहरण के तौर पर M O T A R

का कोड बनेगा 314...। इसी तरह PAPER का कोड बनेगा 994 और CIGARETTE का कोड बनेगा 0741। यहाँ आपको इसका ध्यान रखना है कि VOWEL (AEIOU) को अनदेखा करना है, साथ–साथ जहाँ दो शब्द एक साथ, जैसे सिगरेट में T T एक साथ हैं, तो आपको इनमें से एक को ही गिनना है। इससे पहले मैं आगे बढ़ूँ, मैं चाहता हूं कि आप छोटा–सा ब्रेक लें और निम्नलिखित अक्षरों और संख्याओं को कोड्स मे तब्दील करें।

EXPERT..6124..
PLANE..4987..
ESSAY..2461..
REWARD...7590..
CONNOISSEUR...............................7751..
LEDGER...6123..
APIC...4512..
UNDER...7154..

पाठकों!

मुझे उम्मीद ही नहीं, बल्कि पूर्ण विश्वास है कि खूँटी–सिद्धान्त के बारे में आप काफ़ी कुछ समझ गये होंगे। अब मैं आपको कुछ संख्याओं से शब्द बनाना सिखाता हूँ।

मान लीजिए कि हमें 21 का शब्द चाहिए।

इसे हम कुछ तरीक़े से बना सकते हैं–NeT, NuT, KnoT, GNoT, Nod, NoTe, Knit etc.

आपको याद होगा कि 2 संख्या का कोड N था और संख्या 1 का T है। इसी के आधार पर हमने उपर्युक्त शब्द बनाये हैं। बीच में VOWEL के जो शब्द आये हैं, उन्हें हमने किसी श्रेणी में नहीं रखा है, अर्थात् उन्हें अनदेखा किया है।

इसी तरीक़े से हम संख्या 14 को निम्नलिखित शब्दों में परिवर्तित कर सकते हैं–Tear, Tyre, Tore, door, Tier, deer, dire, Tree, etc.

अब इसी तरीक़े का पालन करते हुए हम 1 से 10 तक की संख्या को कुछ ऐसे शब्दों में परिवर्तित करेंगे, जिनकी मानसिक छवि हम अपने मस्तिष्क में सुगमता से साकार कर सकें, जैसे–

1. Tie (टाई)
2. Noah (बूढ़ा व्यक्ति)
3. Ma (माँ)
4. Rye (यूरोप में बहुतायत में पैदा की जाने वाली बाजरे जैसी खाने की वस्तु)
5. Law (क़ानून)
6. Shoe (जूता)
7. Cow (गाय)

8. Ivy (दीवारों पर चढ़ने वाली सदाबहार बेल)
9. Bee (मधुमक्खी)
10. Toes (पंजे)

ये हमारी दस खूँटियाँ हैं, जो हमें कई बातों को याद दिलाने में सहायक होंगी। आइए! देखते हैं, कैसे?

उदाहरण के तौर पर हम निम्नलिखित वस्तुओं की एक लिस्ट तैयार करते हैं, जो अपने सही क्रम में नहीं हैं।

9 पर्स	5 टाइपराइटर
6 सिगरेट	2 टेलीविजन सेट
4 ऐश–ट्रे	8 रिस्ट वॉच
7 साल्ट शेकर	1 फाउण्टेन पेन
3 लैम्प	10 टेलीफ़ोन

इस लिस्ट में नौवीं वस्तु है 'पर्स'।

इसे हमें अपने कोड नं. 9 यानी कि 'मधुमक्खी' से कुछ इस तरीक़े से जोड़ना है कि यह बेतुका लगे। मान लीजिए कि आप अपना पर्स खोलते हैं। पर्स के खुलते ही मधुमक्खियाँ तेज़ी से बाहर आती हैं और आपके चेहरे पर चिपककर आपको डंक मारने लगती हैं। आप इस दृश्य की अपने मन में बढ़िया–सी छवि तैयार कीजिए, उसके बाद हम बढ़ते हैं।

No. 6 (Shoe)—Cigarette. जूते से सिगरेट को जोड़ने के लिए आप यह बेतुकी कल्पना कर सकते हैं कि आपके जूते सिगरेट से बने हुए हैं और आपकी सिगरेट जूते की बनी है।

No. 4 (rye)—Ashtray. राई को ऐश–ट्रे से जोड़ने के लिए आप यह कल्पना कर सकते हैं कि आप राई की ब्रेड पर मक्खन लगाने के बजाय मेज पर पड़ी ऐश–ट्रे पर मक्खन लगा रहे हैं।

No. 7 (Cow)—Salt-shaker गाय को साल्ट शेकर से जोड़ने के लिए आप यह बेतुकी कल्पना कर सकते हैं कि आप एक गाय का दूध निकालने जा रहे हैं। जब आप उसके थनों को छूते हैं, तो पाते हैं कि वहाँ चार साल्ट शेकर लगे हैं। आप उन्हीं साल्ट शेकरों को थन की तरह इस्तेमाल कर रहे हैं, जिससे गाय दूध देने के बजाय नमक दे रही है।

No. 13 (Ma)—Lamp माँ को लैम्प से जोड़ने के लिए आप यह कल्पना कर सकते हैं कि आपकी माँ गैस पर खाना बनाने के बजाय एक लैम्प पर खाना बना रही है।

No. 5 (Law)—Typewriter यहाँ आप यह कल्पना कर सकते हैं कि क़ानून का रक्षक एक सिपाही किसी मुजरिम के हाथों में टाइपराइटर से बनी हथकड़ी बाँध कर उसे जज के सामने पेश कर रहा है।

No.2 (Noah)—Television Set नूह को टेलीविज़न से जोड़ने के लिए आप यह कल्पना कर सकते हैं कि 'नूह' नाम का बूढ़ा आदमी नाव खेने के बजाय टेलीविजन सेट खे रहा है।

No.8 (Ivy)—Wrist Watch यहाँ आप यह कल्पना कर सकते हैं कि आपके घर की दीवार पर घड़ियों की बेल फैली हुई है या आपने हाथ में घड़ी बाँधने के बजाय, बेल बाँधी हुई है।

No. 1(Tie)—Fountain Pen टाई को फाउण्टेन पेन से जोड़ने के लिए आप यह कल्पना कर सकते हैं कि आप फाउण्टेन पेन की बनी टाई बाँधकर, फाउण्टेन पेन से बनी टाई से लिख रहे हैं।

No.10 (toes)—Telephone यहाँ आप यह कल्पना कर सकते हैं कि आप टेलीफ़ोन पर कोई नम्बर अपने हाथों के बजाय पैरों से मिला रहे हैं, या फिर फ़ोन की घण्टी बजने पर आप इसका रिसीवर हाथ से उठाने के बजाय पैर से उठाकर कान से लगा रहे हैं।

अब आप इन वस्तुओं को सिलसिलेवार याद कीजिए। मुझे विश्वास है कि अब यह काम आपके लिए बहुत आसान होगा।

जिन सिद्धान्तों का पालन करके हमने संख्या 1–10 तक के कोड्स को वस्तुओं में बदला है, उसी तरह से हम संख्या 11–100 तक के कोड्स को विभिन्न वस्तुओं में बदल सकते हैं, जैसे–

11. Tot (नवजात शिशु)
12. Tin (कनस्तर)
13. Tomb (समाधि)
14. Tyre (टायर)
15. Towel (तौलिया)
16. Dish (थाली)
17. Tack (छोटी कील)
18. Dove (फाख्ता)
19. Tub (टब)
20. Nose (नाक)
21. Net (जाल)
22. Nun (नन)
23. Name (नाम)
24. Nero (रोम का सम्राट)
25. Nail (नाखून)
26. Notch (दाँती)
27. Neck (गर्दन)
27. Knife (चाकू)
29. Knob (नॉन)

56. Leech (जोंक)
57. Log (लट्ठा)
58. Lava (लावा)
59. Lip (होंठ)
60. Cheese (पनीर)
61. Sheet (सीट)
62. Chain (चेन)
63. Chum (साग)
64. Cherry (चेरी)
65. Jail (जेल)
66. Choo Choo (चू चू)
67. Chalk (चॉक)
68. Chef (प्रधान रसोइया)
69. Ship (पानी का जहाज)
70. Case (घटना या स्थिति)
71. Cot (चारपाई)
72. Coin (सिक्का)
73. Comb (कंघा)
74. Car (कार)

30. Mice (चूहे)
31. Mat (चटाई)
32. Moon (चाँद)
33. Mummy (मम्मी)
34. Mover (घास काटने वाला)
35. Mule (खच्चर)
36. Match (मैच)
37. Mug (मग)
38. Movie (फिल्म)
39. Mop (फर्श साफ करने वाला)
40. Rose (गुलाब)
41. Rod (छड़)
42. Rain (बारिश)
43. Ram (भगवान काम)
44. Rower (उपद्रवी)
45. Roll (गोलाई में मोड़ना या मुड़ना)
46. Roach (नदी की छोटी एक मछली)
47. Rock (रॉक)
48. Roof (छत)
49. Rope (रस्सी)
50. Lace (फीता)
51. Lot (भाग्य)
52. Lion (शेर)
53. Loom (करघा)
54. Lure (मछली का चारा)
55. Lily (फूल का नाम)

75. Coal (कोयला)
76. Cage (पिंजरा)
77. Coke (कोक)
78. Cave (गुफा)
79. Cob (नाटा घोड़ा)
80. Fez (मुसलमानों द्वारा)
81. Fit (फिट / मिर्गी का दौरा)
82. Phone (फोन)
83. Foam (साग)
84. Fur (रोजा)
85. File (फाइल)
86. Fish (मछली)
87. Fog (धुन्ध)
88. Fife (लम्बी बाँसुरी)
89. Fob (जेब घड़ी की चेन)
90. Bus (बस)
91. Bat (बल्ला)
92. Bone (हड्डी)
93. Bump (धमाका)
94. Bear (भालू)
95. Bell (घण्टी)
96. Beach (समुद्र का किनारा)
97. Book (किताब)
98. Puff (वायु का झोंका या रोयेंदार पाउडर लगाने की गद्दी)
99. Pipe (पाइप)
100. Disease (बीमारी)

उपर्युक्त कोड्स को याद करने के बाद आप नीचे दिये गये रिक्त स्थानों को भरिए।

यहाँ मैं आपसे एक बात ख़ास तौर पर कहना चाहूँगा कि आप अपनी स्मरण–शक्ति चौगुनी तब ही कर पायेंगे, जब तक आपको इस पुस्तक में बताये कोड्स अच्छी तरह से याद न हो जायें। इसलिए मैं आपसे यही निवेदन करूँगा कि अगर आपको इसके कोड्स याद नहीं हुए हैं, तो कण्ठस्थ करने के बाद ही अगला अध्याय पढ़ना शुरू करें।

अभ्यास

100 ....79 ....99 ....78....................
98 ....77 ....97 ....76....................
96 ....75 ....95....................74....................
94 ....73.................... 93 ....72....................

92 ....71 ....91 ....70....................

90 ....69 ....89....................68....................

88 ....67....................87....................66....................

86 ....65 ....85....................64....................

84 ....63....................83....................62....................

82....................61.................... 81....................60....................

80 ....59 ....58....................29....................

57 ....28 ....56....................27....................

55....................26 ....54 ....25....................

53 ....24 ....51....................23....................

50 ....21 ....49 ....20....................

48 ....19 ....47 ....18....................

46 ....17 ....45 ....16....................

44 ....15....................43 ....14....................

42 ....13 ....41....................12....................

40 ....11 ....39 ....10....................

38....................9 ....37....................8....................

36 ....7 ....35 ....6....................

34 ....5 ....33 ....4....................

32 ....3 ....31 ....2....................

30 ....1 ....51 ....22....................

खूँटी–सिद्धान्त द्वारा दैनिक कार्यों को कैसे याद किया जाये?

उस काम का करना अच्छा नहीं, जिसे करके पीछे पछताना पड़े और जिसका फल रोते–बिलखते भोगना पड़े। उसी काम को करना ठीक है, जिसे करके पीछे पछताना न पड़े और जिसका फल मनुष्य प्रसन्नचित होकर ग्रहण करे।

–भगवान बुद्ध

प्रिय पाठकों! हमारे साथ अक्सर ऐसा होता है कि हम जब खरीदारी करने के लिए बाज़ार जाते है, तो अपने साथ एक लिस्ट ले जाते है, जिसमें हमने यह नोट किया हुआ था कि बाज़ार में हमें कौन–कौन से काम करने हैं और क्या–क्या चीजें खरीदनी हैं। जरा सोचिए, उस वक्त हम अपनी लिस्ट घर पर ही भूल गये तो... तो बड़ी मुश्किल हो जायेगी न! इसलिए आप लिस्ट बनाने के लिए खूँटी–सिद्धान्तों का सहारा लें। इससे आपको कोई भूल नहीं होगी।

मान लीजिए कल हमें निम्नलिखित काम करने व वस्तुएँ खरीदनी हैं–

- बाइक वाश करनी है।
- बैंक से पैसे निकालने हैं।
- पोस्ट ऑफिस से डाक की टिकटें लेनी हैं।
- रिलायंस के दफ़्तर जाकर नेट का बिल जमा कराना है।
- पत्नी के लिए डी.वी.डी. खरीदनी है।
- हार्डवेयर की शॉप से एक पेचकस खरीदना है।

- बुकसेलर से मैगजीन खरीदनी है।
- और आखिर में ब्रेड, अण्डे लेकर घर लौटना है।

इन कामों को याद करने के लिए आप इन्हें अपने कोड्स द्वारा कुछ यों जोड़िए–

- आपने अपने गले में टाई की जगह बाइक बाँधी हुई है।
- इसके बाद आपको एक बूढ़े को लेकर बैंक जाना है।
- फिर अपनी माँ के लिए पोस्ट ऑफिस से डाक की टिकटें खरीदनी हैं।
- फिर आपको रिलायंस के शोरूम में जाकर नेट का बिल जमा कराना है और रसीद की जगह एक बोरी राई लेनी है।
- फिर उस राई की बोरी को आपको कानून के रखवाले एक सिपाही को रिश्वत के तौर पर देनी है।
- फिर आपको पत्नी के लिए डी.वी.डी. खरीदनी है, जिन्हें आपको अपने जूते से बाँधना है।
- फिर आपको एक हार्डवेयर की दुकान पर किसी काम से जाना है और एक पेचकस खरीदना है।
- वह पेचकस दुकान से बाहर आते ही एक बुकसेलर को देना है और उससे कुछ पत्रिकाएँ लेनी हैं।
- आखिर में आपको दीवारों पर चढ़ने वाली बेलों के एक गुच्छें में ब्रेड–अण्डे लेकर घर आना है।

टेलीफोन नम्बर, चेहरे व नामों को कैसे याद रखे?

यदि चित्त एकाग्र होगा, तो फिर सामर्थ्य की कभी कमी न पड़ेगी। साठ वर्ष के बूढ़े होने पर भी किसी नौजवान की तरह तुममें उत्साह और सामर्थ्य दीख पड़ेगी।

–विनोबा भावे

प्रिय पाठकों! मान लीजिए कि आपको नीचे लिखी लम्बी संख्या याद रखनी है

27 75 63 41 26 52

इस लम्बी संख्या को याद करने का बेहतर तरीका यह है कि आप इसे दो भागों में विभाजित कर लें। जैसे–

27 75 63 41 26 52

अब पिछले अध्यायों में वर्णित स्मृति–चिह्नों एवं कोड्स दोनों में से किसी एक को इन अंकों से जोड़ें।

आपको याद होगा कि हमने 52 का संख्या कोड Lion, 26 का Notch, 41 का Rod, 63 का Chum, 75 का Coal और 27 का Neck बनाया था।

27	75	63	41	26	52
NECK	COAL	CHUM	ROD	NOTCH	LION

अब आप इन कोड्स को आधार बनाकर एक बेतुकी कहानी तैयार कीजिए। यह कहानी जितनी बेतुकी होगी, उतना ही आपको नम्बर याद करने में आसानी होगी।

इस कहानी को हम कुछ इस प्रकार बनाते हैं–

'एक रोज जब मैं सोकर उठा, तो मुझे अपनी गरदन में जोरों का दर्द महसूस हुआ। दर्द दूर करने के लिए मैंने कोयले को पीसकर गरदन पर लगाया, किन्तु कोई

आराम न मिला। फिर दर्द दूर करने के लिए मैंने अपने सखा को बुलाया। मेरी गरदन का दर्द दूर करने के लिए वह कहीं से एक छड़ और दाँती ले आया। उसने दाँती मेरी गरदन से लगायी और जोर की आवाज के साथ शेर (Lion) ठीक हो जा कहकर लोहे की रॉड दाँती पर दे मारी और इसी के साथ मेरी गरदन का सारा दर्द दूर हो गया।'

उपर्युक्त संख्या को हम स्मृति–चिह्नों द्वारा भी याद कर सकते हैं।

27	75	63	41	26	52
AXE	OWL	CAT	ARROW	ELEPHANT	BANANA
(कुल्हाड़ी)	(उल्लू)	(बिल्ली)	(तीर)	(हाथी)	(केला)

बेतुकी कहानी–

'कल मैं एक घने जंगल में लकड़ियाँ काटने के लिए एक कुल्हाड़ी लेकर गया। वहाँ मुझे दिन में भी बड़े–बड़े उल्लू दिखायी दिये। वे उल्लू बिल्ली से भी बड़े थे। तभी मुझे एक बड़ा तीर दिखायी दिया। मैंने तीर हाथ से फेंका, तो वह एक हाथी को जाकर लगा। फिर हाथी मेरे पीछे पड़ गया। मैंने बड़ी मुश्किल से उसे केले खिलाकर शान्त किया।'

चेहरे व नामों को कैसे याद रखा जाये?

प्रिय पाठको! कल्पना कीजिए कि आप एक व्यावसायिक व्यक्ति हैं, जैसे यूनिवर्सिटी के प्रोफेसर या फिर कोई डाक्टर। आप अपने एक विद्यार्थी या मरीज़ से मिलते हैं, लेकिन जब वह आपको कहीं और मिलता है, तो आप उसका नाम याद नहीं कर पाते या अपनी पत्नी या मित्र से उसका परिचय नहीं करा पाते। आपको बुरा लगता है। इससे अधिक बुरा यह होता है कि वह व्यक्ति यह समझता है कि आप उसमें रुचि नहीं रखते।

नामों एवं चेहरों को याद रखना अधिक महत्त्व रखता है। जिन लोगों के नामों को चेहरों के साथ जोड़कर याद रखने की आदत होती है, वे बाद में उनका नाम व चेहरा कभी भूल नहीं सकते। कहने का मतलब है कि वे एक बार में किसी भी व्यक्ति के नाम तथा चेहरों को अच्छी तरह से याद कर लेते हैं।

आप भी अपनी आदत ऐसी बना लीजिए कि जब भी किसी व्यक्ति से मिलें, उसके चेहरे को ध्यान से देखिए।

उसकी आँखें तथा आँखों के हाव–भाव, चेहरे के निशान, उसके खड़े होने का ढंग, उसकी चाल–ढाल, नाक, ठोड़ी, चेहरे का आकार, नाक का आकार, दाँतों की बनावट, कानों की बनावट, तथा हेयर स्टाइल।

इसी के साथ आप उस व्यक्ति की मानसिक तस्वीर नाम सहित अपनी याद्दाश्त में बैठा लीजिए और मन–ही–मन दो–तीन बार उस व्यक्ति का चेहरा तथा नाम दोहरा लें। यदि हो सके, तो उसके नाम का अर्थ भी आप जान सकते हैं। अगर आप उसके नाम का अर्थ भी याद रखते हैं, तो आपको उसका नाम याद रखने में और भी आसानी हो जायेगी।

नामों तथा चेहरों को याद रखने के लिए आप निम्नलिखित बातों पर ध्यान दीजिए–

➢ किसी भी व्यक्ति से मिलते वक़्त उसकी आँखों का रंग, हाव–भाव तथा शरीर ग़ौर से देखें।

➢ चेहरे का आकार, कोई निशान, हेयर स्टाइल भी ग़ौर से देखें।

➢ उसकी कोई ख़ास बात, जैसे–बातचीत करने का ढंग, उसके चलने व खड़े होने के ढंग पर भी ग़ौर कीजिए।

➢ नाक, कान तथा दाँतों की बनावट आदि पर भी ध्यान दीजिए

➢ उसके चेहरे की मानसिक तस्वीर बनायें तथा उसकी मानसिक तस्वीर अपने किसी जान–पहचान वाले व्यक्ति से जोड़ें, जिसकी शक्ल उससे काफ़ी हद तक मिलती–जुलती हो। यहाँ 'सम्बन्ध–विधि' आपके बेहद काम आयेगी।

इन सब बातों को जानने के अलावा आप किसी भी पार्टी या समारोह में 15–20 मिनट पहले पहुँच कर कई लोगों से मिल सकते हैं। इससे आपको यह फ़ायदा होगा कि आप समारोह या पार्टी में पहुँचने वाले लोगों से अच्छी तरह से वाक़िफ़ हो सकेंगे, उनके चेहरों को, नामों को याद कर सकेंगे तथा देर से आने वाले लोगों की तरह आपको 15–20 लोगों का परिचय एक साथ नहीं करना पड़ेगा। क्योंकि आप तो समय से पहले ही पहुँचकर सबसे परिचित हो चुके होंगे। हो सके, तो जिन लोगों से आप पार्टी में मिले हैं, फ़ौरन ही उनके नामों एवं चेहरों की मानसिक तस्वीर बना लीजिए, यानी उनके नामों, चेहरों को दोहराकर आत्म–परीक्षण कर लीजिए, जिससे आपकी याददाश्त तेज़ हो जायेगी और आप लम्बे समय तक उन नामों एवं चेहरों को याद रख सकेंगे।

नामों को कैसे याद रखें?

आमतौर पर देखा गया है कि किसी समारोह, पार्टी वगैरह में लोग नये अनजान लोगों से बड़े अपनेपन से मिलते हैं, लेकिन कुछ ही समय में उन्हें भूल जाते हैं। ऐसे लोगों से जब आप दोबारा मिलते हैं, तो उनके चेहरे तो पहचान लेते हैं, लेकिन बहुत कोशिशों के बावजूद भी आप उस व्यक्ति का नाम याद नहीं कर पाते। यदि एक समय

आपको 10–15 लोगों से मिलवाया जाता है, तो यह और भी मुश्किल हो जाता है।

इसके विपरीत कुछ लोग ऐसे भी होते हैं, जिनकी याददाश्त इतनी तेज़ होती है कि वे उन नामों तथा चेहरों को कभी नहीं भूलते। यदि आप चाहें, तो आप भी थोड़े से अभ्यास एवं प्रयासों द्वारा नामों को याद रखने की दक्षता हासिल कर सकते हैं।

आप लोगों से मिलने पर उन्हें लम्बे समय तक याद रख सकें, इसके लिए आपको निम्नलिखित बातों पर विशेष रूप से ध्यान रखना चाहिए–

- सबसे पहले जब आप किसी व्यक्ति से मिलते हैं, तो उसके नाम को ध्यान से सुनिए, फिर मन–ही–मन उसके नाम का अर्थ तथा पर्यायवाची शब्द का स्मरण कीजिए।
- उस व्यक्ति से मिलते ही उसके नाम से पुकार कर, उसके नाम व उपनाम के विषय में बातचीत कीजिए तथा उसके नाम ले–लेकर बीच में प्रश्न भी पूछिए।
- सम्बन्धित व्यक्ति से मिलते समय उसके कपड़ों, जूतों आदि पर ध्यान न देकर याददाश्त को उसका नाम याद रखने का कार्य करने दीजिए।
- उससे बात करते समय उसे नाम से सम्बोधित कीजिए। यदि वह व्यक्ति आप से उम्र एवं पद में बड़ा है, तो मुलाक़ात के दौरान आप उससे नाम को फिर से दोहराने के लिए विनम्रतापूर्वक उससे नाम पूछ सकते हैं। जैसे–आपकी मुलाक़ात प्रोफेसर शर्मा से हुई, तो आप बातों–बातों में उनसे पूछ सकते हैं कि क्षमा करें आप उनका नाम ठीक से सुन नहीं सके। इससे उनका नाम आपकी स्मृति में अटल हो जायेगा।
- पार्टी में मिले नये लोगों के व्यक्तित्व की विशेष बातों को अपने मस्तिष्क की स्लेट पर अच्छी तरह लिख लीजिए। उनकी तस्वीर को अपने दिमाग़

की फ़ाइल में उतार लीजिए या उनकी ख़ास बातों को अपने शब्दों में ढाल दीजिए। माना कि किसी व्यक्ति ने अपना नाम 'महेश' बताया, तो आप सोच सकते हैं कि महेश का अर्थ क्या होता है, शंकर या शिव जी। उस महेश की कल्पना आप जटाधारी, गले में नाग डाले, हाथ में त्रिशूल लिये कैलाश पर्वत पर बैठे शिव से कर सकते हैं। इस प्रकार यह नाम आपके मस्तिष्क में बैठ जायेगा और हमेशा याद रहेगा।

➢ सबसे ज़रूरी बात यह है कि किसी भी पार्टी या समारोह आदि में जाते समय अपने भीतर किसी तरह की हीन भावना या तनाव नहीं आने दीजिए। इससे आत्मविश्वास में कमी आती है और बातों को सुनने–समझने की स्मरण–शक्ति कम हो जाती है।

इन बातों पर आप ग़ौर करेंगे, तो आपको नामों एवं चेहरों को याद रखने में आसानी होगी और आप हमेशा इन्हें याद रख सकेंगे।

जन्मदिन व इतिहास की महत्त्वपूर्ण तिथियाँ कैसे याद करें?

छोटी–छोटी बातों में ही हमारे सिद्धान्तों की परीक्षा होती है।

–महात्मा गाँधी

जलती हुई आग से सुवर्ण की पहचान होती है, सदाचार से सत्य पुरुष की, व्यवहार से श्रेष्ठ पुरुष की, भय प्राप्त पर शूर की, आर्थिक कठिनाई में धीर की और कठिन आपत्ति में शत्रु एवं मित्र की परीक्षा होती हैं।

–वेदव्यास, महाभारत

प्रिय पाठकों! आपने फ़िल्मों या टीवी सीरियल्स में देखा ही होगा कि अकसर नायक अपनी व्यस्तता के चक्कर में अपनी शादी की सालगिरह या नायिका का जन्मदिन भूल जाता है। इसी वजह से नायिका उससे खफ़ा भी हो जाती है, जिसे मनाने के लिए नायक को बड़ी मिन्नतें–मसाजत करनी पड़ती है और एक गाना भी गाना पड़ता है। अगर आप मनाने और गाना गाने की कला में माहिर हैं, तो सीधा अगले अध्याय पर जा सकते हैं, और अगर आपको लगता है कि आपको जन्मदिन व अन्य ख़ास तारीख़ों को याद रखने में भी माहिर होना चाहिए, फिर आप इस अध्याय पर एक निगाह डाल सकते हैं।

मान लीजिए कि आपके एक दोस्त का नाम 'अमन मलिक' है और उसका जन्मदिवस 14 मई है। आपको उसके जन्मदिन की तारीख़ याद रखने के लिए

स्मृति–चिह्न तथा महीना याद रखने के लिए मेमोरी कोड्स (खूँटी–सिद्धान्त) का सहारा लेना होगा।

आपको याद ही होगा कि हमारी स्मृति–चिह्नों की लिस्ट में हमारे पास 14 वाँ स्मृति–चिह्न 'फोर्ट इन' यानी 'किले की सराय' है। और, खूँटी–सिद्धान्त में 5वाँ कोड 'लॉ' यानी क़ानून का है।

अब 'अमन' का बर्थ–डे याद रखने के लिए हम बेतुकी कहानी बनाते हैं। यह कहानी कुछ इस तरह भी हो सकती है–

"यह अमन का बच्चा पता नहीं अपने–आपको समझता क्या है। जब यह दिल्ली में आया था, तब मैंने इसे 'किले की सराय' में ठहराया था और इसकी सुरक्षा के लिए 'क़ानून' के कुछ बन्दों (सिपाहियों) को तैनात भी करवाया था। मैं इसके लिए इतना करता हूँ, फिर भी यह मेरा जन्मदिन भूल जाता है।"

ठीक इसी तरह आप अपने दोस्त वीरेन्द्र अग्रवाल, जिसकी जन्मतिथि 20 फरवरी है, को याद रख सकते हैं। आपके पास 20 का स्मृति–चिह्न 'झोंपड़ी/कुटिया' है और खूँटी–सिद्धान्त के 2 का कोड 'नूह' यानी कि बूढ़ा आदमी है। अब आप वीरेन्द्र अग्रवाल की जन्मतिथि याद रखने के लिए निम्नलिखित बेतुकी कहानी बना सकते हैं।

"यह वीरेन्द्र जब भी दिल्ली आता है, मैं इसे अपने हाथों से बनायी 'झोंपड़ी' में ठहराता हूँ और इसकी तीमारदारी के लिए अपने काका (बूढ़ा नौकर) को भी लगा देता हूँ, फिर भी यह मेरा जन्मदिन भूल जाता है। अबकी बार यह दिल्ली में आयेगा, तो मैं इससे मिलने ही नहीं जाऊँगा, फिर देखता हूँ यह किसके यहाँ ठहरता है।"

ठीक इसी तरह हम इतिहास की महत्त्वपूर्ण तिथियाँ भी याद रख सकते हैं।

मान लीजिए आपको भारत पर चंगेज ख़ाँ के आक्रमण की तिथि सन् 1221 याद रखनी है। इसके लिए आप यहाँ केवल स्मृति–चिह्नों द्वारा ही यह तिथि याद रख सकते हैं। यहाँ आपको यह कल्पना करनी है कि चंगेज़ ख़ाँ ने आज के भारत पर मोटर साइकिल पर कई मोड़ 'कर्व' (स्मृति–चिह्न 12) काटने के बाद जैसे ही हमला किया, हमारे देश के वीर जवानों ने उस पर ए.के. 47 तान दीं। खुद पर ए.के. 47 तनते देखकर चंगेज़ ख़ाँ बुरी तरह से डर गया और मारे डर के वह 'कुतुब मीनार' (स्मृति–चिह्न 21) में छुप गया।

इतिहास की तिथियाँ याद करने के लिए हम एक उदाहरण और लेते हैं। मान लीजिए कि हमें भारत पर चीन के आक्रमण की तिथि 1962 याद रखनी है, तो इसके लिए आप स्मृति–चिह्न 19 और 62 को इस्तेमाल में ला सकते हैं। यानी कि 'नाइन पिन' और 'बॉय' को लेकर कोई भी बेतुकी कहानी बना सकते हैं। जैसे–चीन के पास अगर नौ पिनों वाला लड़का नहीं होता, तो उसकी भारत पर आक्रमण करने की ज़रा भी हिम्मत नहीं होती।

मैं समझता हूँ कि आपको जन्मदिवस और इतिहास की तारीखें याद करने में कोई

दिक्कत नहीं हुई होगी। अब आप अभ्यास के लिए तैयार हो जाइए और निम्नलिखित तिथियों को बेतुकी कहानियों द्वारा याद की कीजिए।

अभ्यास

	नाम	जन्मदिन
➢	स्वाति तिवारी	3 अप्रैल
➢	दीप्ति नागर	21 अगस्त
➢	राहुल शर्मा	30 नवम्बर
➢	काव्या जौली	5 मार्च
➢	कुसुम नेगी	18 मई

इतिहास

- ➢ 1492 कोलम्बस द्वारा अमेरिका की खोज।
- ➢ 1761 पानीपत का तीसरा युद्ध।
- ➢ 1865 अब्राहम लिंकन की हत्या।
- ➢ 1905 बंगाल का विभाजन।
- ➢ 1945 हिरोशिमा पर प्रथम परमाणु बम गिराया गया।

***

विभिन्न विषयों से सम्बन्धित महत्त्वपूर्ण तथ्य कैसे याद करें?

बड़े लोगों से प्राप्त सम्मान अपने गुणों में विश्वास उत्पन्न कर देता है।

—कालिदास, कुमार सम्भव

आत्मविश्वास का अर्थ है, अपने काम में अटूट श्रद्धा।

—महात्मा गाँधी

प्रिय पाठकों! आज मैं आपको विभिन्न विषयों से सम्बन्धित महत्त्वपूर्ण बातें याद करने का तरीक़ा बताऊँगा। इन बातों को अच्छी तरह से समझने के बाद आप निःसन्देह परीक्षा में अव्वल आये बिना नहीं रहेंगे, लेकिन आपको स्मृति भाषा के कोड्स याद रखने का अभ्यास बिलकुल नहीं छोड़ना है। तो आइए! सबसे पहले हम 'सामान्य ज्ञान' विषय पर एक निगाह डालते हैं।

सामान्य ज्ञान

मान लीजिए कि आपको विश्व के प्रमुख रेगिस्तानों से सम्बन्धित तथ्य याद करने हैं–

विश्व के प्रमुख रेगिस्तान–

नाम	अनुमानित क्षेत्रफल (वर्ग कि.मी.)
सहारा	84, 00, 000
आस्ट्रेलियन	15, 00, 000
गोबी	10, 40, 000
कालाहारी	5, 20, 000
नाभिब	3, 10, 000
थार	2, 60, 000
अटाकामा	1, 80, 000

सबसे पहले हम रेगिस्तानों के नाम क्रम से याद करने के लिए एक बेतुकी कहानी तैयार करते हैं। वह कहानी कुछ यों भी हो सकती है–

'मैंने अपनी सजनी को आगोश में लिया ही था कि तभी काना थानेदार आ गया।'

अब देखिए आपको विश्व के प्रमुख रेगिस्तान कैसे चुटकियों में याद होते हैं।

जो बेतुकी कहानी मैंने आपको सुनायी है, उसमें सारे रेगिस्तानों के नाम छुपे हुए हैं। जैसे–सजनी शब्द का 'स' अक्षर सहारा रेगिस्तान की याद दिलाता है। आगोश शब्द का 'आ' अक्षर आस्ट्रेलियन रेगिस्तान, आगोश का ही 'गो' गोबी रेगिस्तान, काना का 'का' कालाहारी, काना का 'ना' नाभिब, थानेदार का 'था' और 'आ' अटाकामा की याद दिलाता है।

रेगिस्तानों के नाम याद होने के बाद मैं आपको उनके क्षेत्रफल याद करने की विधि बताता हूँ। यह विधि भी बेतुकी बातों पर आधारित है। जैसे–

'जब मैंने राष्ट्रीय सहारा अख़बार में यह समाचार पढ़ा कि श्रीमती इन्दिरा गाँधी के दोनों हत्यारों को फाँसी की सजा देकर उनके शवों को तीन बड़े गुब्बारों में रख दिया गया है, तो मैं उलझन में पड़े बिना नहीं रह सका।'

उपर्युक्त वाक्य में 'सहारा' अख़बार 'सहारा' रेगिस्तान की याद दिलाता है। श्रीमती इन्दिरा गाँधी के दोनों हत्यारे, स्मरणीय घटना 1984 की याद दिलाते हैं। इसी वजह से हमें अपनी लिस्ट का स्मृति–चिह्न 84 याद आ जाता है। दोनों हत्यारों को फाँसी के फन्दों पर लटका दिया था। इसलिए दो फन्दे हमें ज़ीरो की याद दिला देते हैं। इसके बाद तीन बड़े गुब्बारे हमें तीन ज़ीरो की संख्या याद दिला देते हैं।

इस प्रकार हम सहारा रेगिस्तान का अनुमानित क्षेत्रफल 84,00,000 बड़ी आसानी से याद कर सकते हैं।

इसी तरीक़े से हम आस्ट्रेलियन रेगिस्तान का अनुमानित क्षेत्रफल 15,50,00 याद करते हैं।

इसके लिए हम बेतुका वाक्य यह बनाते हैं–

'आस्ट्रेलियन ने जैसे ही लड़ाई शुरू की, लंका के रावण जी आ गये। आस्ट्रेलियन

ने एक पल की देरी किये बिना उनके 3 सिर काट दिये।'

हमारी लिस्ट में 15 कोड फाइटिंग यानी कि लड़ाई का है, और 50 रावण का तथा उसके तीन कटे सिर तीन शून्य का स्मरण कराते हैं। इसलिए हमें आस्ट्रेलियन रेगिस्तान का अनुमानित क्षेत्रफल फ़ौरन याद हो गया।

इसी प्रकार आप बाक़ी रेगिस्तानों का अनुमानित क्षेत्रफल याद कर सकते हैं।

अभ्यास

अब आप इसी तरीके से विश्व की प्रमुख नदियों से सम्बन्धित निम्नलिखित तथ्य याद कीजिए।

विश्व की प्रमुख नदियाँ–

नदी का नाम	देश (महाद्वीप)	लम्बाई (कि.मी.)
➢ नील	अफ्रीका	6699
➢ अमेजन	दक्षिण अमेरिका	6570
➢ मिसीसिपी	यू.एस.ए	6212
➢ कांगो	अफ्रीका	4667
➢ लीना	रूस	4269
➢ नाइजर	अफ्रीका	4168
➢ मर्रे डार्लिंग	आस्ट्रेलिया	31917
➢ वोल्गा	रूस	3690
➢ सेण्ट लारेंस	कनाडा	3058
➢ सिन्ध	इण्डिया–पाक	2736

आपकी सहूलियत के लिए मैं नील नदी से सम्बन्धित तथ्य याद करने का तरीक़ा बता देता हूँ।

'नील से भरे टब में गिरने के बाद अफ्रीका जैसे ही बाहर निकला, फादर ने उसे ज़बरदस्ती लाहौर–बस में बैठा दिया।'

(याद रहे 'फादर' का स्मृति–चिह्न–66 और लाहौर बस का स्मृति–चिह्न–99 है।)

रसायन विज्ञान

मान लीजिए, हमें निम्नलिखित तत्त्व, उनके प्रतीक और एटोमिक सख्या याद करनी है–

क्रम सं.	तत्त्व	प्रतीक	एटोमिक संख्या
1.	Lithium	Li	3
2.	Berylium	Be	4
3.	Baron	B	5
4.	Carbon	C	6
5.	Nitrogen	N	7
6.	Oxygen	O	8
7.	Flourine	F	9
8.	Neon	Ne	10

उपर्युक्त को हम कुछ इस तरीक़े से याद कर सकते हैं–

➢ तबीयत ख़राब होने पर मैंने Lithium की टेबलेट ली (Li) फिर भी आराम नहीं आया, तो मजबूर होकर मुझे पेड़ (Tree) खाना पड़ा।

➢ मेरी बच्ची Berylium Be बहुत शैतान है, जब देखो वह फ़र्श (Floor)पर कूदती रहती है।

➢ हमारी कॉलोनी की बेरॉन बी (Baron B) जब देखो मुझे चाकू (Knife) दिखाती रहती है।

➢ यदि हम कार्बन (Carbon) को Sea (C) में चिपका (Af□x) दें, तो क्या होगा?

➢ नाइट्रोजन ने मुझे इतना परेशान किया कि मैं नदी (N) में कूद पड़ा। फिर आँख खुलने पर मैंने अपने–आपको स्वर्ग (Heaven-7) में पाया।

इसी तरीक़े से बाक़ी तत्त्वों के प्रतीक और एटोमिक संख्या आप याद कर सकते हैं।

अभ्यास

क्रम सं.	तत्त्व	प्रतीक	एटोमिक संख्या
1.	Potassium	K	19
2.	Sodium	Na	11
3.	Sulphur	S	16
4.	Calcium	Ca	20
5.	Aluminium	Al	13
6.	Silicon	Si	14
7.	Titanium	Ti	22
8.	Chlorine	Cl	17

***

भाषण व निबन्ध कैसे याद करें?

हम उपदेश सुनते हैं—मन भर देते हैं—टन भर; ग्रहण करते हैं—कण भर।

—अलजर

दुसरों को उपदेश देने में तो बहुत लोग निपुण होते हैं, पर ऐसे लोग अधिक नहीं, जो उपदेश के अनुसार आचरण भी करते हैं।

—गोस्वामी तुलसीदास

प्रिय पाठकों! परीक्षा में पास होने के लिए अकसर छात्रों को लम्बे सिद्धान्त व निबन्ध याद करने पड़ते हैं। देखा गया है कि ज़्यादातर छात्र इन्हें बेहद कोशिशों के बावजूद भी याद नहीं कर पाते। इसलिए मैं आपको इस अध्याय में कुछ ऐसी तकनीकें बता रहा हूँ, जिनसे आप न केवल लम्बे—लम्बे निबन्ध याद रख पायेंगे, बल्कि ख़ास मौक़ों पर बोले जाने वाले भाषण भी याद रख सकेंगे।

चूँकि आप एक विद्यार्थी हैं, इसलिए आपके जीवन पर आधारित निबन्ध से ही इस अध्याय की शुरुआत क्यों न की जाये?

विद्यार्थी-जीवन

वाह! विद्यार्थी–जीवन भी क्या जीवन है। इसकी स्मृतियाँ तब तक बनी रहती हैं, जब तक कि आदमी का यह जीवन बना रहता है। तभी तो अकसर बड़े लोगों को भी अपने विद्यार्थी काल की विशेष बातें, विशेष प्रकार की शरारतें आपस में नमक–मिर्च लगाकर सुनाते–दोहराते देखा–सुना जा सकता है।

प्राचीन काल में जब विद्यार्थी घर से दूर आश्रमों में पढ़ा करते थे, तब उन्हें कठोर अनुशासन में बँधकर रहना पड़ता था। तब विद्यार्थी का जीवन आग में तपाये जाने वाले सोने की तरह तपने के बाद बहुमूल्य कुन्दन की तरह निखरता था और मूल्यवान हो जाया करता था, इसमें ज़रा भी सन्देह नहीं।

कुछ भी हो, विद्यार्थी–जीवन को मानव–जीवन का मौज़–मस्ती भरा और सुनहरा काल माना जाता है। इसमें उसका मुख्य कार्य विद्या प्राप्त करना ही होता है। इसके साथ–साथ ऐसी अनेक अच्छी व्यावहारिक बातें भी सीखनी होती हैं, जिससे उसका अपना, उसके घर–परिवार का और सारे राष्ट्र का जीवन सुखी एवं समृद्ध बन सके। सच्चे और स्वस्थ मन–मस्तिष्क से अपने विद्यार्थी–जीवन में व्यक्ति जो कुछ सीख पाता है, उसके अनुरूप ही उसके भावी जीवन का स्वरूप बनता है। इसी कारण अक्सर विद्यार्थी–जीवन को निर्माण–काल भी कहा जाता है। अतः इस निर्माण–काल में व्यक्ति को हर प्रकार से सावधान रहकर विद्याओं का अभ्यास करना पड़ता है, ताकि किसी तरह की बुराई उसे छू न सके और वह देश का अच्छा नागरिक बन सके।

विद्यार्थी–जीवन को गीली मिट्टी के समान भी माना जाता है। जैसे गीली मिट्टी से जैसा चाहे वैसा पात्र बनाया जा सकता है। उसी तरह विद्यार्थी–जीवन में भी सावधान रहकर विद्यार्थी अपने वर्तमान और भविष्य को जैसा चाहे बना सकता है। गीली मिट्टी से सुन्दर खिलौने, गमले, घड़े, मूर्तियाँ आदि तो बनायी ही जा सकती हैं, उसे तोड़–मरोड़कर मिट्टी में भी मिलाया जा सकता है।

विद्यार्थी ध्यान से पढ़–लिखकर और अच्छी बातें सीखकर भविष्य का नेता, आदर्श पुरुष या जो भी चाहे बन सकता है और असावधान होकर, व्यर्थ की बातों में पड़कर, अपने मूल उद्देश्य, विद्या–अर्जन से भटककर, अपने स्वर्णिम भविष्य को मिट्टी में भी मिला सकता है। इन्हीं सब तथ्यों के आलोक में विद्यार्थी–जीवन को मानव–जीवन का सबसे महत्त्वपूर्ण काल माना जाता है। इसका सदुपयोग करके ही विद्यार्थी जीवन–भर लाभान्वित हो सकता है।

अब हम विद्यार्थी–जीवन की ख़ास–ख़ास बातें नोट कर लेते हैं।

➢ विद्यार्थी–जीवन मौज़–मस्ती का जीवन है।

➢ पुराने समय में विद्यार्थी आश्रमों में पढ़ा करते थे और कठोर अनुशासन में रहते थे।

➢ विद्यार्थी–जीवन भले ही मौज़–मस्ती का काल माना जाता हो, लेकिन यह उसके निर्माण का काल भी होता है। इस काल में उसे सावधानी भी बरतनी पड़ती है। अगर उसने बुराई को छुआ, तो अच्छा नागरिक नहीं बन पायेगा।

➢ विद्यार्थी–जीवन गीली मिट्टी की तरह होता है। इससे अच्छे–अच्छे बर्तन भी बनाये जा सकते हैं, तो इसे तोड़ कर मिट्टी में भी मिलाया जा सकता है।

➢ विद्यार्थी अच्छी बातें सीखेंगे, तो अच्छे इनसान बनेंगे और बुरी बातों में पड़कर अपना भविष्य चौपट कर लेंगे।

अब हम इन ख़ास–ख़ास बातों को स्मृति–चिह्नों से कुछ इस तरीक़े जोड़ते हैं–

➢ सुबह को जब आप नाश्ता करने के लिए बैठते हैं, तो आपकी माता जी आपको नाश्ते में एक मीठा 'बन' देती हैं, जिस पर बड़े–बड़े अक्षरों में लिखा है–विद्यार्थी–जीवन मौज़ मस्ती का जीवन है।

➢ 'बन' खाने के बाद आप जैसे ही टीवी खोलते हैं, उसमें एक 'ज़ू' (चिड़िया घर) का प्रोग्राम आ रहा है, जिसमें एक हाथी नाच–नाच कर कह रहा है–पुराने समय में विद्यार्थी घर से दूर आश्रमों में पढ़ा करते थे और कठोर अनुशासन में रहते थे।

➢ तभी आपकी नज़र खिड़की से बाहर एक 'ट्री' (पेड) पर पड़ती है, जो चिल्ला कर कहता है–विद्यार्थी–जीवन बेशक मौज–मस्ती का जीवन हो, लेकिन यह उसके भविष्य के निर्माण का काल भी होता है। अगर एक विद्यार्थी बुराई की ओर बढ़ेगा, तो वह कभी भी देश का अच्छा नागरिक नहीं बन पायेगा।

➢ इसके बाद आप जैसे ही अपना एक क़दम आगे बढ़ाते हैं, आपके घर का 'फ़्लोर' (फ़र्श) चीख कर कहता है–विद्यार्थी–जीवन गीली मिट्टी की तरह

होता है, इससे अच्छे बर्तन भी बनाये जा सकते हैं, और तोड़ कर मिट्टी में भी मिलाया जा सकता है।

- आप जैसे ही सहमति में सिर हिलाते हैं, तभी आपके सामने एक बहुत बड़ा 'नाइफ़' (चाकू) आ जाता है, जो आपसे कहता है कि अच्छी बातें एक विद्यार्थी को अच्छा इनसान बना देती हैं, तो बुरी बातें उसका भविष्य बरबाद कर सकती हैं।

इस प्रकार आप बड़े से बड़े से निबन्धों का अच्छी तरह से याद कर सकते हैं। यहाँ यह ज़रूरी नहीं है कि आप निबन्ध की भाषा ज्यों की त्यों रखें। आप निबन्ध की भाषा बदल भी सकते हैं, लेकिन उसके भावों में बदलाव नहीं आना चाहिए।

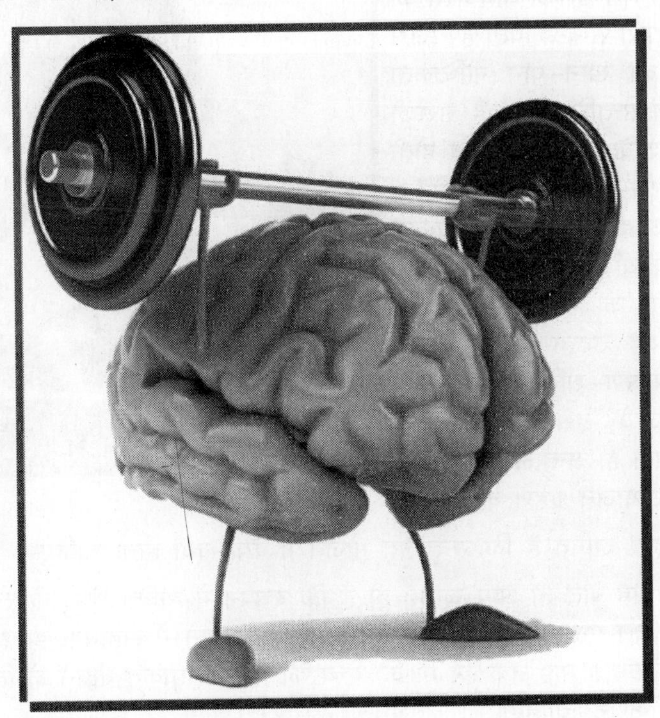

अब आप निम्नलिखित पैराग्राफ स्मृति–चिह्नों द्वारा याद कीजिए–

- यह सच है कि आप जो चाहें, सो पायें, पर उसके लिए कुछ ज़रूरी शर्तें भी होती हैं। उन्हें पूरा किये बिना आप यह कैसे हासिल कर सकते हैं। आपके सामने बना–बनाया भोजन आता है। आपको भूख लगी है। आप भोजन करना भी चाहते हैं। आप बताइए कि क्या भोजन स्वयं उठकर आपके मुँह में चला जायेगा? नहीं, आपको अपने हाथों का सहारा लेना होगा, तभी आप खा सकेंगे। इतनी मेहनत तो आपको करनी ही पड़ेगी। हर काम को पूरा करने के लिए मेहनत बहुत ज़रूरी है। इसके बिना आपका काम नहीं हो सकता।

हमारे चारों ओर का वायुमण्डल, हमारे विचार, हमारे संकल्प, हमारी अवस्था और स्वयं जो कुछ है, यह सब तो हमारा बनाया है। इसका निर्माण किसने किया है। इसके निर्माता तो हम ही हैं। हम अपने मन में जो सोचते हैं, वह बाद में साकार रूप ले लेता है।

हमारा खान-पान और स्मरण-शक्ति

प्रिय पाठकों! यह बात तो आपको पता ही होगी कि व्यक्ति के खान–पान से उसकी याददाश्त का काफ़ी गहरा सम्बन्ध होता है। जिस व्यक्ति का खान–पान पौष्टिकता युक्त एवं सन्तुलित होता है, उसकी स्मरण–शक्ति उतनी ही तीव्र होती है। स्मरण–शक्ति को बढ़ाने के साथ आहार की आवश्यकता दैनिक कार्यों को करने वाली ऊर्जा की प्राप्ति के लिए भी होती है। सवाल यह उठता है कि भोजन द्वारा स्मरण–शक्ति को कैसे बढ़ाया जाये? इसका सीधा–सीधा जवाब यही है, सन्तुलित विटामिनों से भरपूर भोजन ग्रहण करना।

आइए! जानते हैं कि सन्तुलित भोजन में क्या–क्या होना चाहिए–

- यह बात तो आप जानते ही हैं कि बचपन में व्यक्ति शिशु के रूप में माँ का दूध पीता है, जो उसकी स्मरण–शक्ति बढ़ाने में सहायक होता है। कम से कम 6 माह तक हर माँ को बच्चे की दिमाग़ी ताक़त बढ़ाने के लिए स्तनपान कराना चाहिए।
- जैसे–जैसे बच्चा बढ़ता जाता है, उसे पौष्टिक एवं सुपाच्य भोजन देना शुरू कर दिया जाता है।
- बढ़ते बच्चों तथा किशोरों, विशेषकर लड़कियों को डाइटिंग नहीं करनी चाहिए। डाइटिंग उनके विकास में बाधक है।
- शरीर तथा मस्तिष्क को स्वस्थ रखने के लिए हरी तथा ताज़े फल–सब्ज़ियाँ खूब खाइए। इनका सेवन नहीं करने से अनेक बीमारियाँ व्यक्ति को घेर लेती हैं, जिनके जंजाल में फँसने पर वह उम्रभर दवाइयों का सेवन करता

रहता है। दवाइयाँ आपके शरीर को तो ठीक कर सकती हैं, किन्तु दिमाग़ी ताक़त नहीं दे सकतीं।

- मस्तिष्क के विकास के लिए ताज़े रसदार फलों के साथ–साथ अखरोट, नारियल, लीची अत्यन्त लाभदायक हैं। ताज़े रसदार फल आपके शरीर में दूषित पदार्थ तथा गन्दगी को बाहर निकालने में सहायक होते हैं। तरबूज़, पपीता, खरबूज़ा, आम, अमरूद, बेल तथा अनन्नास आदि ऐसे ही फल हैं।
- स्मरण–शक्ति को बढ़ाने के लिए सुबह नाश्ते में फल, लस्सी (मट्ठा), अंकुरित अनाज, हरी सब्ज़ियों का रस, फलों का रस अथवा हलका–फुलका खाना जैसे दलिया, उबला अण्डा, दूध, बादाम इत्यादि सुपाच्य एवं पौष्टिक पदार्थ लेने चाहिए तथा चाय, बिस्कुट, मिठाई, नमकीन, पूरी, कचौड़ी, परांठे तथा ब्रेड आदि का सेवन नहीं करना चाहिए।

स्मरण-शक्ति को बढ़ाने के लिए आपको निम्नलिखित उपाय अवश्य करने चाहिए

- रात को पाँच गिरी बादाम किसी काँच के बर्तन में भिगोकर रख दीजिए। सुबह उनका छिलका उतार कर बारीक़ पीस लें। इसके बाद इसे तीन–सौ ग्राम उबलते हुए दूध में मिला दीजिए। जब दूध में तीन–चार बार उबाल आ जाये, तो नीचे उतार लें। एक चम्मच देशी घी एवं दो चम्मच खाँड अथवा बूरा डालकर ठण्डा करके उपयोग में लायें। इस नुस्ख़े को यदि सुबह के समय खाली पेट लिया जाये, तो अधिक लाभदायक रहता है। इसे कम–से–कम एक महीने तक इस्तेमाल करें।
- दिमाग़ को ताक़त देने के लिए सुबह के समय खाली पेट एक बनारसी आँवले का मुरब्बा खूब चबा–चबाकर खाइए तथा उसके एक घण्टे बाद तक कुछ न खायें।

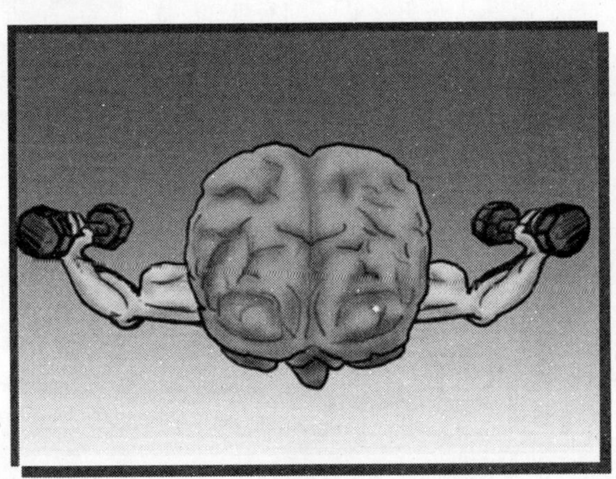

- विटामिनयुक्त पदार्थ गेहूँ, जौ, चना, मटर, सोयाबीन, पपीता, हरी पत्तेदार सब्ज़ियाँ, सन्तरा, अमरूद, अंगूर, दूध तथा दालों इत्यादि को सेवन खूब करें। इससे दिमाग़ तथा ज्ञानतन्तु स्वास्थ्यवर्द्धक एवं शक्तिवर्द्धक होते हैं।

अन्य काम की बातें-

- सुबह खाली पेट शौच जाने से पहले ताँबे के बर्तन में रखा हुआ ठण्डा पानी कम–से–कम आधा लीटर पीयें।
- ब्रश करने के बाद एक गिलास ताज़े पानी में एक चम्मच शहद तथा एक नींबू का रस निचोड़ कर पीयें। ऐसा करने से शरीर के सारे विकार दूर हो जाते हैं तथा मस्तिष्क स्वस्थ रहता है।
- एक दिन में दो बार ही भोजन करें। भोजन के साथ फल, हरी सब्ज़ी तथा दही अवश्य होनी चाहिए। फल, दूध, अल्पाहार भी दिन में एक बार ले सकते हैं। फल भोजन से पहले खाइए, बाद में नहीं। कटे तथा खुले अथवा बहुत देर के रखे फल नहीं खाने चाहिए। जहाँ तक हो सके, अन्न कम मात्रा में लें।
- रात में सौ ग्राम काले चने भिगोकर रखें, फिर उबाल कर सेंधा नमक तथा चार–पाँच दाने काली मिर्च को डालकर छानने के बाद सेवन कीजिए।
- अधिक चिकनाई युक्त पदार्थों के सेवन से हर सम्भव बचने का प्रयास करें।
- नियमित रूप से व्यायाम करें।
- मन को हमेशा प्रसन्नचित्त रखें।
- सूखे ठण्डे और बासी भोजन से बचें।
- मसालेदार और तीखे पदार्थों का प्रयोग कम करें।

भाग–3

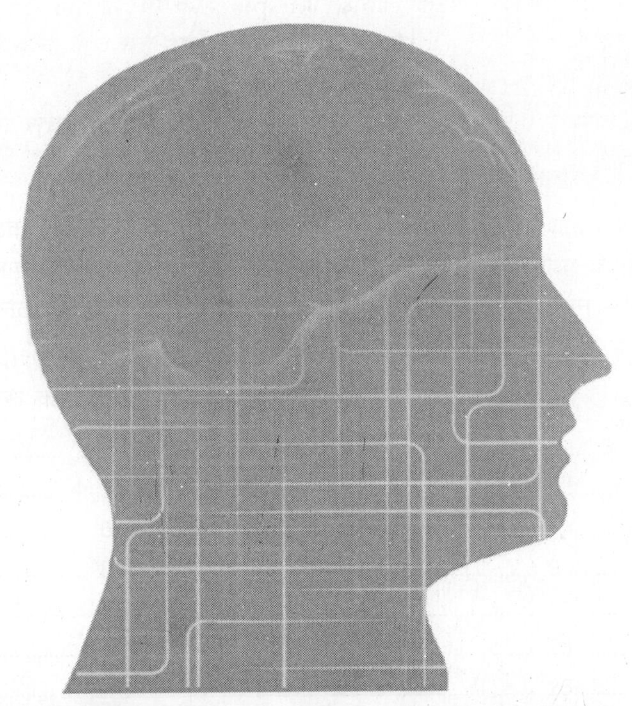

परीक्षा में अव्वल कैसे आयें

कुछ बातें विद्यार्थियों से

बिना उत्साह के कोई महान् उपलब्धि कभी नहीं हुई।

—इमर्सन

प्रत्येक को अपनी ही उन्नति में सन्तुष्ट न रहना चाहिए अपितु सबकी उन्नति में ही उन्नति समझनी चाहिए।

—ऋषि दयानन्द

प्रिय विद्यार्थियों! मेरिट में आने के लिए स्मरण–शक्ति का अच्छा होना बहुत जरूरी है। आजकल परीक्षा का स्वरूप काफ़ी बदल गया है। अब परीक्षाओं में एक बड़े प्रश्न के स्थान पर 10 छोटे प्रश्नों का उत्तर देना पड़ता है, जिसे वस्तुनिष्ठ प्रश्नों के नाम से जाना जाता है। ऐसे में आपकी स्मरण–शक्ति जितनी तेज़ होगी, परीक्षा में प्रश्नों को हल करने में आपको उतनी ही अधिक सफलता मिलेगी।

परीक्षा के अलावा जीवन में भी तेज़ स्मरण–शक्ति का होना बेहद ज़रूरी है।

आपको यह तो पता ही होगा कि संसार में जितने भी महान् व्यक्ति हुए हैं, उनमें तेज़ स्मरण–शक्ति और तत्काल निर्णय लेने की क्षमता के विशेष गुण थे।

स्मरण–शक्ति के बारे में मनोवैज्ञानिकों का मानना है कि औसत दृष्टि से ज़्यादातर छात्रों की स्मरण–शक्ति एक जैसी होती है। बहुत कम छात्र मन्दबुद्धि तथा बहुत कम छात्र ही प्रखर बुद्धि के होते हैं। चिकित्सकों की राय में अधैर्य, चिन्ता, काम का बोझ तथा ऊब हमारी स्मरण–शक्ति को बेहद प्रभावित करते हैं। हम केवल उन्हीं बातों को भूलते हैं, जिन्हें हम भूलना चाहते हैं। जिन बातों की ओर हमारी विशेष रुचि होती है, उन्हें हम आमतौर पर नहीं भूलते। इसलिए मनोवैज्ञानिकों का यह कहना है कि स्मरण–शक्ति का हमारी रुचि से गहरा सम्बन्ध है।

यदि कोई विद्यार्थी तेज़ स्मरण–शक्ति का प्रदर्शन करता है, तो यह उसकी रुचि, एकाग्रता और अच्छी ऑब्ज़रवेशन का प्रतिफल है। और, किसी विद्यार्थी का पढ़ाई में ज़ीरो होना यह दर्शाता है कि उसकी पढ़ाई में बिलकुल रुचि नहीं है। अच्छी याददाश्त से ही विद्यार्थी अधिक विचारशील और बुद्धिमान समझा जाता है। इसलिए अच्छे व्यक्तित्व के लिए अच्छी याददाश्त का होना ज़रूरी है। भुलक्कड़ विद्यार्थी जहाँ अपना पाठ याद नहीं कर पाते, वहाँ वह अपने दैनिक जीवन के आवश्यक कार्य भी भूल जाते हैं, और इसी वज़ह से समय–समय पर नुकसान उठाते हैं।

भूलना भी ज़रूरी है

विशेषज्ञों के अनुसार ठीक ढंग से कुछ बातें भूल जाना बेहतर याददाश्त के लिए ज़रूरी है। अर्थात् मस्तिष्क से बेक़ार, अनुपयोगी, दूषित विचारों एवं अनावश्यक बातों का समय–समय पर भूलना ज़रूरी है। ऐसा करने से अच्छी याददाश्त को बनाये रखा जा सकता है। यदि आप हर प्रकार की बातें याद रखने लगें, तो एक अवस्था ऐसी आयेगी कि आपके लिए कुछ याद रख पाना सम्भव न होगा।

भूलने के कारण

परीक्षा के दिनों में या सामान्य अवसरों पर मिलने वाले विद्यार्थियों की यही शिकायत होती है कि उन्हें याद की हुई बातें अधिक समय तक याद नहीं रह पातीं। ऐसा क्यों होता है? मनोवैज्ञानिकों ने भूलने के निम्नलिखित तीन प्रमुख कारण बताये हैं :

1. कुछ विषयों में अरुचि और उपेक्षा का भाव रखना तथा उसकी ज़रूरत को न समझ पाना।
2. किसी बात को याद रखने की पूर्ण इच्छा का न होना।
3. विषय को ध्यान से न पढ़ना और उसे समझने की कोशिश भी नहीं करना।

इस प्रकार हम देखते हैं कि रुचि और एकाग्रता, भूलने का अहम कारण है। इसके अलावा याददाश्त की शक्ति का कमज़ोर होने के और भी कई कारण हैं, जैसे–बराबर चिन्ता करना, भविष्य की अनावश्यक चिन्ता करना, निकटतम व्यक्ति की मृत्यु होना तथा सिर में चोट आदि का लगना।

भूलने की आदत से कैसे बचें?

आपने कई विद्यार्थियों को अपने भूलने की आदत के कारण परेशान तथा अपनी याददाश्त को कोसते हुए देखा होगा। इनकी शिकायत रहती है कि इन्हें तथ्य जल्दी से याद नहीं हो पाते। यदि याद हो भी जायें, तो ये उन्हें बहुत जल्द भूल जाते हैं। वैसे तो यह बात बड़ी सामान्य लगती है, लेकिन यदि गहराई से देखा जाये, तो इसकी बातों से छात्रों में एक तो हीनभावना घर करने लगती है और दूसरा उनमें आत्मविश्वास की कमी आती है। आत्मविश्वास की कमी उनके भूलने के अवगुण को और अधिक बढ़ाती है। फिर धीरे–धीरे यह एक आदत बन जाती है और फिर इस आदत के कारण मस्तिष्क की कार्यक्षमता में कमी आ जाती है। इसमें कोई दो राय नहीं कि याद करना मस्तिष्क का स्वभाव है, लेकिन उसके भी कुछ नियम होते हैं। बिना समझे ग़लत ढंग से याद करने पर न केवल अधिक समय बरबाद होता है, बल्कि याद की हुई पाठ्य–सामग्री स्थायी नहीं हो पाती है। यहाँ कुछ ऐसी ही सामान्य बातें बतायी जा रही हैं, जिनको अपना कर आप अपनी याददाश्त को बढ़ाने में मदद ले सकते हैं–

अपने लक्ष्य को याद रखें

यदि आप परीक्षा की मेरिट लिस्ट में अपना नाम शामिल करवाना चाहते हैं, तो आपको

अपने अवचेतन को, जब भी आपको समय मिले, आपको यह निर्देश देना है कि वह आपका नाम मेरिट लिस्ट में दर्ज कराये। इसका परिणाम यह होगा कि आपके मन में लक्ष्य के प्रति रुचि जाग जायेगी और जब भी पढ़ेगे, तो वह पाठ आपको अच्छी तरह से याद हो जायेगा।

गहन रुचि लें

(मनोवैज्ञानिकों का कहना है कि जिस काम को आप मन लगाकर करेंगे, वह कठिन होते हुए भी आपके लिए सरल हो जायेगा और आपको उसमें शर्तिया सफलता मिलेगी।)

जो विद्यार्थी अपनी पढ़ाई से प्रेम करते हैं, जिस पाठ्य–सामग्री को याद रखना चाहते हैं, वे उसमें गहन रुचि लेते हैं और तथ्यों को समझ कर याद करते हैं, तो वह पाठ्य–सामग्री अधिक समय तक याद रहती है। इसके विपरीत जिन विद्यार्थियों को अपनी पढ़ाई से लगाव नहीं होता, उसमें कोई रुचि नहीं होती और पढ़ाई को भार समझते हैं, वे जो कुछ भी पढ़ते हैं, शीघ्र भूल जाते हैं।

मानसिक रूप से शान्त रहें

घबराहट, परेशानी, मानसिक तनाव और भयभीत अवस्था में याददाश्त कमज़ोर पड़ जाती है। आपका मन जितना शान्त, स्थिर और प्रसन्न होगा, आपकी याददाश्त उतनी की ज़्यादा अच्छी होगी। मन को एकाग्र कर पढ़ने और समझने से पाठ जल्दी याद होता है। इसलिए आप मानसिक तौर पर हमेशा तैयार रहें। इसके अलावा अपने दिन के महत्त्वपूर्ण कार्यों को अपनी डायरी में नोट करते रहें। इससे आप कार्य भूलने की चिन्ता से निश्चिन्त होकर दिमाग़ी तौर पर अपने–आपको स्फूर्तिवान महसूस करेंगे ।

सबसे पहले विषय को समझें

कोई भी विषय याद करने से पहले अच्छी तरह समझ लें। विषय को समझ कर याद करने की क्रिया ज़्यादा लम्बे समय तक आसानी से याद रहती है, जबकि बिना समझे–बूझे, बस तोते की तरह पाठ रटने से वह शीघ्र की याददाश्त से गायब हो जाती है और उस पर आपकी की गयी सारी मेहनत बेकार चली जाती है।

गहन चिन्तन करें

जिन विषयों को आपने पढ़ा है, उन पर गहन चिन्तन करना बेहद ज़रूरी है। जब विषय आपको अच्छी तरह से समझ में आ जाता है, तब उस विषय की आपके मन में गहरी छाप पड़ती है।

दोहराना

पाठ को समझ कर जब याद कर लें, तो उसे स्थायी तौर पर याद रखने के लिए उसका दोहराना अत्यन्त आवश्यक है। जब भी नियमित रूप से किसी पाठ को अच्छी तरह से समझ कर दोहराते हैं, तो उसकी हमारे मन में अमिट छाप पड़ जाती है। इस बात को आप यों भी समझ सकते हैं कि जिस कच्चे रास्ते पर बहुत से लोग आते–जाते रहते हैं, वहाँ पगडण्डी अपने–आप बन जाती है। ठीक इसी तरह जब कोई बात बार–बार हमारे मस्तिष्क तक पहुँचने का रास्ता बनाती है, तब उसकी हमारे मस्तिष्क पर गहरी छाप पड़ जाती है।

एकाग्रता बनाये रखें

यदि आप पूरी एकाग्रता से किसी पाठ को पढ़ेंगे, तो वह आपको अच्छी तरह से याद हो जायेगा और लम्बे समय तक आपको याद रहेगा। यदि आप बिना एकाग्रता से पाठ नहीं पढेंगे, तो उसे आप याद नहीं रख पायेंगे। इसलिए किसी भी विषय को पढ़ते समय आपको उसे पूरी तरह से एकाग्र होकर पढ़ना चाहिए।

याददाश्त की विशेष तकनीक

जब आप परीक्षा की मेरिट लिस्ट में आने का लक्ष्य बनाते हैं, तो आपको पाठ याद करने की सामान्य विधियों के अलावा याददाश्त बढ़ाने की विशेष तकनीक और तरीक़ों को भी अपनाना पड़ेगा, तभी आप मनचाही सफलता हासिल कर सकते हैं। अपने इस ध्येय को पाने के लिए आपको अलग से प्रयास करने की ज़रूरत नहीं है। आप बस परीक्षा से कुछ दिनों पहले इस पुस्तक को दोहरा लीजिए। इसमें बतायी गयी तकनीकें आपके मानसिक पटल पर ताज़ा हो जायेंगी और आपको वह सब याद आने लगेगा, जिसे कि आप भूल चुके हैं। इस पुस्तक में बतायी गयीं सारी तकनीकें आपमें आत्मविश्वास का अनोखा संचार करेंगी, जिसकी वजह से आप अपनी परीक्षा में अव्वल आये बिना नहीं रह सकेंगे।

बातचीत करें और स्मरण-शक्ति बढ़ायें

पाठकों! आपको यह बात बड़ी अजीब लग रही होगी और आप यह सोच रहे होंगे कि भला बातचीत के द्वारा भी कोई अपनी याददाश्त बढ़ा सकता है। लेकिन यह बात बिलकुल सच है।

असल में कई बार ऐसा होता कि आप कोई पाठ, चुटकला या कहानी पढ़ते हैं, तो वह आपको काफ़ी दिलचस्प लगती है। आपको लगता है कि इसे कण्ठस्थ करना चहिए, ताकि आप औरों को भी सुनाकर उन पर अपना प्रभाव डाल सकें। इसी प्रकार अपने जीवन की मधुर, कटु स्मृतियों या तथ्यों को यदि आप याद रखना चाहते हैं, तो उसके सम्बन्ध में अपने दोस्तों व जान–पहचान के लोगों से मौक़ा मिलते ही बातचीत करके उन्हें सुनायें। ऐसा करने से न केवल आपकी याददाश्त को फ़ायदा होगा, बल्कि बातचीत करने की आदत से आपका ज्ञान भी बढ़ता जायेगा। इससे विषय को समझने में भी सफलता मिलेगी और कई बार दुहरा कर सुनाने से याद की हुई बातें भी आपके दिमाग़ में हमेशा के लिए बैठ जायेंगी।

बहुमूल्य है, आपकी कल्पना-शक्ति

आपकी कल्पना–शक्ति एक मूल्यवान पूँजी है, जो सृजन–कार्य करती रहती है। इसी सृजनशीलता को कल्पना–शक्ति के बल पर श्रेष्ठता प्रदान की जाये, तो आश्चर्यजनक परिणाम होते हैं। बस, ज़रूरत इस बात की है कि आप अपनी कल्पना–शक्ति का उपयोग जी–जान से करें और एकाग्रचित्त होकर इस शक्ति को अपने अध्ययन में लगा दें।

सह-सम्बन्ध का तालमेल बैठायें

जिस विषय को आपको याद करने में कठिनाई होती हो, उसका किसी अन्य वस्तु या घटना से सह–सम्बन्ध स्थापित कर अध्ययन करेंगे, तो वह विषय आपको आसानी से याद हो जायेगा। मन के भीतर पुरानी याद की गयी सामग्री चुम्बक जैसा कार्य करती है। अतः नये तथ्य को किसी ऐसी चीज़ से जोड़ दें, जो आपके दिमाग़ में पहले से बैठी हो। कहने का मतलब यह है कि विषय की जितनी अधिक जानकारी आपके दिमाग़ में पहले से बैठी होगी, उतनी ही आसानी से उस विषय की नयी–नयी बातें आप याद रख सकेंगे।

अपने साथ हमेशा एक डायरी रखें

आपका दिमाग़ आपके शरीर का सबसे महत्त्वपूर्ण अंग है। उस पर दैनिक–जीवन की छोटी–मोटी बातों का अनावश्यक भार न डालें। उसकी याददाश्त की क्षमता बनी रहे, इसके लिए ज़रूरी है कि आप दैनिक–जीवन में किये जाने वाले कार्यों का अपनी पॉकेट डायरी में या घर पर इंगेजमेण्ट पैड में नोट कर लें। डायरी में काम की बातें नोट करने से आपकी स्मरण–शक्ति पर ज़्यादा बोझ भी नहीं पड़ता और आप अपने सारे काम बड़े सलीक़े से कर सकते हैं।

अपना पाठ एक बार में ही पूरा याद करें

मनोवैज्ञानिकों का कहना है कि पाठ को एक बार में ही पूरा पढ़ कर याद करना चाहिए, न कि टुकड़ों में। इससे समय और शक्ति का नुक़सान नहीं होता और अधिक सामग्री लम्बे समय तक याद रहती है। यह माना कि काम–चलाऊ दृष्टि से टुकड़ों में पढ़कर याद करना ठीक लग सकता है, लेकिन स्थायी असर के लिए एक बार में पूरा पाठ ही याद करना श्रेष्ठ होता है। इस विधि को अमल में लाने के लिए यह ज़रूरी है कि पाठ में आये कठिन भागों को पूर्व में ही समझ कर सरल बना लिया जाये, ताकि लिखते समय किसी प्रकार की अड़चन न आये।

पढ़ाई का तनाव और आप

शान्ति के समान कोई तप नहीं, सन्तोष से बढ़कर कोई सुख नहीं, तृष्णा से बढ़कर कोई व्याधि नहीं और दया के समान कोई धर्म नहीं।

—चाणक्य

मनुष्य की शान्ति की परख समाज में ही होती है, हिमालय की चोटी पर नहीं।

—महात्मा गाँधी

अपने भीतर ही शान्ति प्राप्त होने पर सारा संसार ही शान्त दिखायी देने लगता है।

—योगवासिष्ठ

प्रिय पाठकों! आज के भाग—दौड़ और प्रतिस्पर्धा के युग में व्यक्ति का तनावग्रस्त रहना आम बाता है। वैसे देखा जाये, तो थोड़ा—बहुत तनाव हमारे लिए बेहतर होता है, क्योंकि यह हमें आगे बढ़ने की प्रेरणा देता है, लेकिन जब यह तनाव पढ़ाई के रूप में विद्यार्थियों को जकड़ लेता है, तो विद्यार्थियों की पढ़ाई पर काफ़ी बुरा असर पड़ता है। वे अपनी पढ़ाई ठीक ढंग से नहीं कर पाते और हरदम चिन्ता की आग में धधकते रहते हैं। ऐसे छात्रों की पढ़ाई के तनाव को दूर करने के उपायों पर ज़रूर ग़ौर करना चाहिए।

विद्यार्थियों को पढ़ाई के तनाव से छुटकारा दिलाने के लिए मैं यहाँ कुछ सुझाव दे रहा हूँ। मैं आशा करता हूँ कि विद्यार्थी इन विधियों को उपयोग में लायेंगे और तनाव से मुक्त होकर परीक्षा में अच्छे अंक लायेंगे।

समय का उचित प्रबन्धन–आपको बेहतर नतीजा पाने के लिए पढ़ाई पर काफ़ी ध्यान देना होगा। अगर आप पहले से ही सारी योजना बना लेंगे, तो आपको अधिक तनाव का सामना नहीं करना पड़ेगा। अपनी पढ़ाई के लिए पूरी योजना बनायें। पढ़ाई के बीच छोटे ब्रेक लें, ताकि आपका दिमाग़ तरोताज़ा हो जाये। इसके अतिरिक्त बाक़ी प्रबन्धन–टिप्स भी मददगार हो सकते हैं।

व्यवस्थित रहें–आपको चाहिए कि आप नोट्स लेने और एसाइनमेण्ट तैयार करने का एक सिस्टम बनायें। इससे आपको पता रहेगा कि आपको आगे क्या करना है। ऐसे में आपकी पढ़ाई का तनाव काफ़ी हद तक दूर हो जायेगा, क्योंकि आपके पास हर काम की डेडलाइन होगी और आप अव्यवस्था से होने वाले तनाव से भी मुक्ति पा जायेंगे।

उचित वातावरण–आप पढ़ाई करने के लिए उचित वातावरण अवश्य बनायें। ताकि आप बिना किसी बाधा के अपनी पढ़ाई कर सकें।

पढ़ने का तरीक़ा जानें–क्या आप जानते हैं कि हम सब एक ही तरीक़े से नहीं सीखते। आपको यह ज़रूर जानना चाहिए कि आप देखकर सीखते हैं या फिर सुनकर। यह जानने के बाद आप उसी के अनुसार पढ़ाई करेंगे, तो आपका पढ़ने में मन भी लगेगा और आपको तनाव का सामना भी नहीं करना पड़ेगा।

मानसिक चित्रण का अभ्यास–मानसिक चित्रण व कल्पनाशीलता तनाव–प्रबन्धन तकनीकें हो सकती हैं। आप कल्पनाशीलता से भी तनाव घटाकर, अपने प्रदर्शन में सुधार ला सकते हैं। आपको कल्पना करनी होगी कि आप अपना लक्ष्य पा चुके हैं। प्रतिदिन मानसिक चित्रण के लिए थोड़ा समय निकालें। ऐसी कुछ भी कल्पना करें, जो आपको सफलता तक ले जाने का मार्ग प्रशस्त कर सके। फिर कड़ी मेहनत करें और अपना सपना साकार करें।

आशावादी रवैया अपनायें–यह बात बिना किसी विवाद के साबित हो चुकी है कि आशावादी लोग बहुत आसानी से अपनी असफलताओं से उबर जाते हैं। वे तनाव से नहीं घिरते और ढेर–सी सफलता अर्जित करते हैं। आप भी आशावादी बनें, ताकि पढ़ाई में सकारात्मक परिणाम पा सकें।

भरपूर नींद लें–देखा गया है कि तनाव को दूर करने के लिए भरपूर नींद बेहद

ज़रूरी है। इसलिए आप पूरी नींद लें, जो कि 6 घण्टे से लेकर 8 घण्टे तक की भी हो सकती है।

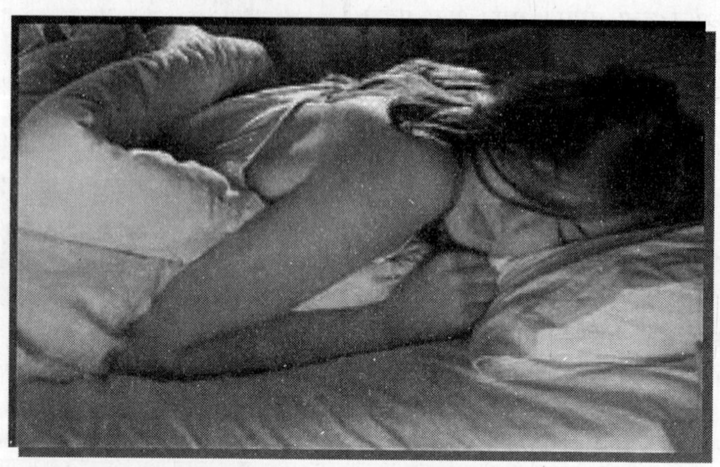

तनाव-प्रबन्धन तकनीकें–गहरा तनाव, आपके सीखने की क्षमता को प्रभावित करने के साथ–साथ आपके प्रदर्शन को बुरी तरह प्रभावित करता है। आप आसानी से तथ्य व आँकड़े याद नहीं रख पाते। एक नियमित तनाव प्रबन्धन तकनीक अपना कर आप अपने तनाव से छुटकारा पा सकते हैं। इस तरह आप स्वतन्त्र रूप से सभी निर्णय भी ले पायेंगे।

पढ़ने के कौशल- आपको पढ़ने के कौशल भी सीखने होंगे। इन पढ़ाई तकनीकों से आप अपने प्रदर्शन में नयी जान डाल सकते हैं। आपकी तैयारी जितनी अधिक होगी, तनाव उतना ही कम होगा।

तनाव से बचाव की तकनीकें

लम्बी साँस-ज़्यादा तनाव होने पर एक लम्बी साँस लीजिए। पहले पेट को फुलाइए और फिर उसमें जमा हुई साँस को ऊपर की ओर खिसकाइए। इसके लिए साँस छोड़े बिना फूल हुए पेट को पिचकाने की ज़रूरत पड़ती है। साँस को कुछ क्षण अन्दर रोकें और फिर धीमी गति से बाहर छोड़ दीजिए। साँस लेने और छोड़ने में नाक का इस्तेमाल करें। साँस छोड़ने के बाद धीमी आवाज़ में अपने आपसे कहिए–'आराम'।

तीन मिनट का नुस्ख़ा–माँसपेशियों को आराम पहुँचाने के लिए तीन मिनट के इस तरीक़े को अपनाया जा सकता है–

आराम करने की अवस्था में बैठ जाइए और आँखें बन्द कर लीजिए।

- साँस खींचिए और उसे क़रीब 6 सेकेण्ड तक रोके रहें। इसी बीच जितनी माँसपेशियों में तनाव पैदा कर सकें, करें।
- धीरे–धीरे साँस छोड़िए और बदन को ढीला छोड़ दीजिए। क़रीब 20 सेकेण्ड तक लयबद्ध ढंग से साँस खींचिए व छोड़िए।
- ऊपर बतायी गयी विधियों को दो–तीन बार दोहराइए। आपका तनाव उड़नछू हो जायेगा।

ज़ोर का ठहाका लगाना–एक खुला ठहाका मारकर आप बड़े–से–बड़े तनाव में कमी ला सकते हैं। अनुसन्धान से पता चला है कि हँसी से मस्तिष्क प्राकृतिक दर्दनाशक स्राव छोड़ता है।

गरम पानी से स्नान–गरम पानी से स्नान करने से भी चित्त शान्त हो जाता है। तनाव दूर करने का यह सबसे पुराना नुस्ख़ा है। पानी का तापमान 100 से 102 डिग्री फारेनहाइट तक हो, तो बेहतर है। क़रीब 15 मिनट तक इससे नहाइए और फिर इसका कमाल देखिए।

ठण्डा जल–काम या पढ़ाई समाप्त करने के बाद आप ठण्डा जल या फलों का रस पीजिए। इसके बाद 10 मिनट तक किसी शान्त स्थान पर आँखें मूँदकर बैठे रहिए।

खुद से बात–तनाव से निपटने के लिए अपने–आप से बात करना भी एक कारगर तरीक़ा है। अगर आप किसी समस्या पर अपने–आपसे बात करते हैं, तो आपके दिमाग़

में एक–से–एक बढ़कर एक सुझाव कौंधेंगे और आपको सन्तुष्टि भी प्राप्त होगी।

धीमा संगीत–कुछ विशेषज्ञों का कहना है कि धीमा, धूम–धड़ाके से रहित कुछ मधुर संगीत बहुत अच्छा तनावरोधी है। इसके लिए शास्त्रीय संगीत सर्वश्रेष्ठ है।

खाली वक़्त–अपने कामकाज़ के बीच अपने लिए भी थोड़ा समय निकालिए। यह वक़्त खाली हो और उस दौरान आपको कुछ भी नहीं करना पड़े। अगर आपके पास अपने लिए अलग से समय नहीं है, तो तनाव–ग्रस्त, चिड़चिड़े व चिन्तित ही रहेंगे और इसका असर औरों पर भी पड़ेगा।

व्यायाम– तनाव को दूर रखने के लिए सबसे व्यावहारिक तरीक़ा व्यायाम है। तकरीबन 40 मिनट तक व्यायाम करने से अगले तीन–चार घण्टे तक तनाव को दूर रखा जा सकता है। संगीत की धुन पर एरोबिक व्यायाम भी आप कर सकते हैं।

कुछ अन्य उपाय

- ➢ जब आप किसी परेशानी, चिन्ता या क्लेश से घिरे हों, तो अपने विश्वासपात्र व्यक्ति से अपनी समस्या पर चर्चा करें, जैसे मित्र, पत्नी, हितैषी, डाक्टर, वकील या कोई भी अन्य व्यक्ति। किसी अन्य व्यक्ति से अपनी समस्या बताने पर मानसिक तनाव काफ़ी हद तक कम हो जाता है। इसके अलावा, आमतौर पर विचार करते समय ही यह सम्भव है कि कोई विचार या कोई हल आपको या आपके साथ बात करने वाले को सूझ जाये और आपकी समस्या का समाधान चुटकियों में हो जाये।

- ➢ अपना समय आप अकेले न बिताइए, ताकि मस्तिष्क एक ही ओर केन्द्रित न रहे। संगीत आदि के कार्यक्रमों, संग्रहालयों एवं पुस्तकालय में जायें। मन कभी कुछ न करने का हो रहा हो, तो टहलें, अख़बार इत्यादि पढ़ें। अपने ध्यान को किसी प्रकार केन्द्रित कीजिए। टीवी पर हल्का–फुल्का कार्यक्रम भी देख सकते हैं।

- कुछ लोग समस्या आने पर सो जाना ठीक समझते हैं। जब वे उठते हैं, तो उन्हें कोई–न–कोई हल सूझ ही जाता है, या फिर वे समस्या पर एक नये सिरे से विचार करने के लायक़ हो जाते हैं।
- कोई समस्या आपको कई दिनों से परेशान कर रही है, तो उस स्थिति में पलायन करना ही बेहतर है। किसी पहाड़ी जगह या एकान्त स्थान की ओर चले जाइए। यह स्थिति को सही परिप्रेक्ष्य में देखने में सहायक हो सकता है। हो सकता है कि जिसे आप महत्त्वपूर्ण समझ रहे थे, वह तब आपको इतना महत्त्वपूर्ण न लगे, या बिना उत्तेजित हुए विचार करने पर आपको कोई हल सूझ जाये, कोई समझ पैदा हो जाये या आप ही स्थिति को स्वीकार लें।
- जब आपके पास कार्य की अधिकता हो, तो कार्य को देखकर घबरायें नहीं, बल्कि उसे एक–एक करके प्राथमिकता के आधार पर निपटायें।
- यदि आप अपने जीवन में सहज होना सीख लें, तो परिस्थितियों के साथ तारतम्य स्थापित करने में अधिक सुविधा होगी। अपने विचारों में परिवर्तन लायें। छोटी–छोटी बातों पर ध्यान न दें।

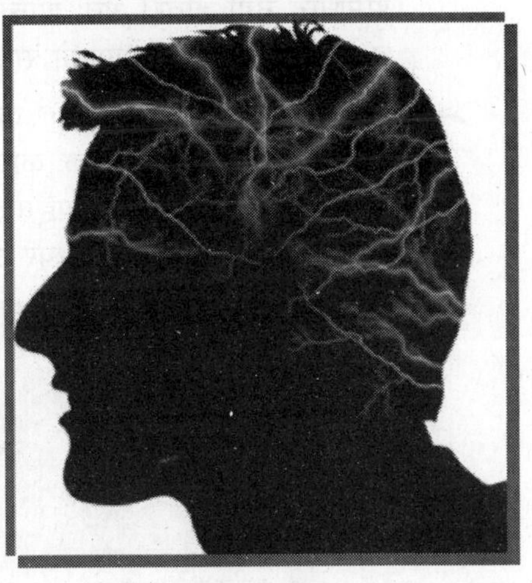

- दूसरों के कार्यों में व्यर्थ का हस्तक्षेप करना, किसी को बोलते वक़्त बीच में टोकना उचित नहीं है। अधिक बोलने की अपेक्षा अधिक सुनने की आदत डालें। क्या उपयोगी व रुचिकर है, इस पर ज़्यादा ध्यान देने का प्रयास करें।
- एक समय पर कई समस्याएँ एक साथ होने पर दिमाग़ में धुन्धलका–सा छा जाता है और तनाव जन्म ले लेता है। कई समस्याओं का समाधान एक बार में ढूँढ़ने का मतलब है कि 6–6 दुश्मनों का एक साथ सामना करना। अगर एक बार एक दुश्मन हो, तो आप उससे डटकर मुकाबला कर सकते हैं। इसलिए अपनी तमाम समस्याओं पर विचार करें और उस समय अन्य समस्याओं को बिलकुल भुला दें। जब आप उस समस्या को सुलझा लें, तब दूसरी समस्या पर ध्यान दें, फिर तीसरी समस्या पर, आदि–आदि।
- अगर किसी वजह से आप शोकग्रस्त हो गये हैं, तो याद रखिए कि केवल आप ही के साथ ऐसा नहीं हुआ है। अनादि काल से हर दिन कई–कई लोग ऐसी समस्याओं में घिर जाते हैं। हालाँकि उस समय ऐसा नहीं लगता,

लेकिन समय सब घाव भर देता है और अपने–आप सब ठीक हो जाता है। जो लोग आपके जैसी समस्याओं से ग्रस्त हैं, उनकी ओर देखिए और हो सके, तो उनके दुःख में भागीदार बनिए। इससे आपके दुःखों के काँटों की चुभन अपने–आप कम हो जायेगी।

➢ जो स्थिति बदली नहीं जा सकती, उसे स्वीकार कर लेना ही बेहतर होता है। इसका मतलब यह नहीं कि आप जीवन के प्रति उदासीन हो जायें।

➢ धैर्य रखिए। धैर्य न रहने पर कुछ समस्याएँ अधिक गम्भीर रूप धारण कर लेती हैं। हिम्मत न हारिए और स्वयं पर क़ाबू रखिए। असफलतता क्रोध को जन्म देती है, जिससे आपके निर्णय लेने की शक्ति कुन्द हो जाती है और समस्याएँ आप पर हावी होने लगती हैं। क्रोध समाप्त होने पर आपको अफ़सोस होता है और आप अपनी मूर्खता पर पछतावा भी करते हैं, लेकिन इससे समस्याओं का समाधान नहीं होता। अतः शान्त रहिए और अपनी समस्याओं का हल ढूँढ़ने का प्रयास कीजिए। आपको समाधान अवश्य मिलेगा।

➢ जब आप लगातार मानसिक कार्य करते–करते थकान महसूस करने लगें, तो तत्काल कोई शारीरिक कार्य शुरू करें। इस प्रकार का कार्य–परिवर्तन मानसिक राहत व शान्ति पहुँचाता है। यदि आप नौकरी–पेशा व्यक्ति हैं, तो साप्ताहिक अवकाश का भरपूर आन्नद लें।

➢ तनाव से छुटकारा पाने का एक सरल तरीक़ा यह है कि व्यक्ति को ज़िद्दी और दुराग्रही नहीं होना चाहिए। प्राकृतिक–सौन्दर्य का भी आनन्द लें। इससे मन को राहत मिलती है।

***

ध्यान लगाओ...तनाव भगाओ

इच्छाओं से ऊपर उठ जाना ही ध्यान है।

—स्वामी रामतीर्थ

ध्यान से सफलता मिलती है।

—वृन्दावनलाल वर्मा

जिससे बचना है, उसमें ध्यान देना पड़ेगा और जिस पर ध्यान देना पड़ेगा, उससे बचना मुश्किल है।

—आचार्य रजनीश

प्रिय पाठकों! तनाव भगाने का सबसे बेहतर तरीक़ा, ध्यान लगाना है। एक ध्यान ही ऐसा योग है, जो आपको किसी भी प्रकार से मुक्ति दिला सकता है। ध्यान लगाना भी एक कला है। आज हम इसी कला को सीखेंगे, ताकि एग्ज़ाम (परीक्षा) के दिनों में पढ़ाई का तनाव हम पर हावी न हो सके।

तो आइए! सबसे पहले हम यह जानने की कोशिश करते हैं कि आख़िर ध्यान क्या है?

हमारे आसपास कितना भी तनाव क्यों न हो, समस्याओं का जंगल हो, ध्यान इन सभी समस्याओं से मुक्ति दिलाता है। 'ध्यान' खुली व बन्द आँखों से भी किया जा सकता है।

खुली आँख का ध्यान

अगर आप कुछ देर अकेले में आँखें बन्द कर तन्मय होकर नहीं बैठ पाते हैं, तो आपको इस प्रकार से ध्यान की शुरुआत करनी होगी। यह ध्यान आँखें खुली रखकर किया जाता है। अब आपको चाहिए एक आधार। यह कोई मूर्ति, कोई तस्वीर, मोमबत्ती की लौ या दीवार में लगी कील, कुछ भी हो सकता है। आप अपनी सुविधा से चुन लें। आपको आँखों को अपने चुने हुए आधार पर ठहराने का अभ्यास करना चाहिए।

ऐसे करें अभ्यास

पद्मासन, सिद्धासन, सुखासन में या इसमें कष्ट हो, तो कुर्सी पर बैठ जायें। रीढ़, गला व सिर को सीधा रखें। चेहरे तथा शरीर को खूब ढीला कीजिए। अब किसी एक आधार पर ध्यान केन्द्रित करें। जैसे आपका आधार कोई 'मूर्ति' है, तो आँखों को खोलकर मूर्ति के चेहरे पर टिकायें और मन को एकाग्र करें। मन इधर–उधर भटके तो चिन्ता न करें। उसे फिर–फिर मूर्ति पर एकाग्र करने का प्रयास करें। धीरे–धीरे आप सफल होने लगेंगे। अब जब तक बैठ सकते हैं, इस स्थिति में बैठिए। उसके बाद सामान्य स्थिति में आ जायें।

इतनी सावधानी बरतें

- आधार को बार–बार नहीं बदलें।
- चेहरे या आँखों पर अधिक दबाव न दें।
- स्लिप डिस्क, स्पाण्डिलाइटिस आदि से परेशान हैं, तो कुर्सी पर या सुखासन में बैठें।

लाभ

मन की चंचलता पर काबू पाने में आप सफल होने लगेंगे। अगर अच्छी नींद नहीं आती, मन रात में भी चलता रहता है, तो इस ध्यान से आपको बहुत लाभ होगा।

बेचैनी, सुस्ती, चिड़चिड़ापन, क्रोध आदि पर भी आप इस ध्यान से क़ाबू पा सकते हैं।

आँख बन्द करके करें ध्यान

'ध्यान' बाहरी दुनिया से अपने भीतर जाने की यात्रा है। बाहर की दुनिया में आँखें बन्द करेंगे, तो अपने भीतर एक अद्भुत जगत की यात्रा कर सकेंगे। वहाँ कोई कोलाहल नहीं, कोई उपद्रव नहीं, केवल शान्ति और आश्वासन है। इस ध्यान के अभ्यास से आप मानसिक स्तर मज़बूत कर सकते हैं।

अभ्यास की विधि

पद्मासन, सिद्धासन, सुखासन या कुर्सी पर बैठ जायें। रीढ़, गला व सिर को सीधा रखें। शरीर को ढीला छोड़ दें और हाथों को घुटनों पर रखें। धीरे से आँखें बन्द कर लें। भीतर की दुनिया को बन्द आँखों से देखिए और आती–जाती साँसों को ग़ौर से देखिए, उनकी ध्वनि को सुनिए, कुछ सुगन्ध मिल सकती है, उसे महसूस कीजिए। लम्बी–गहरी साँस लें और धीरे–धीरे बाहर छोड़ें। लगभग 15 मिनट तक यह अभ्यास कीजिए।

विशेष

संसार की अनेक ध्यान–पद्धतियाँ जैसे– रेकी, ताओ आदि ध्यान–विधियाँ सूक्ष्म ध्यान के अन्तर्गत आती हैं।

लाभ

आज हर कोई मानसिक दबाव में है। बच्चों पर पढ़ाई का दबाव, युवाओं पर कैरियर और उज्ज्वल भविष्य का दबाव, ऑफ़िस में काम का दबाव और किसी को अकेलेपन का भय आदि। इनके कारण लोग शारीरिक, मानसिक तथा भावनात्मक रूप से कमज़ोर तथा बीमार हो रहे हैं। उच्च रक्तचाप, हृदय रोग, मधुमेह, गठिया तथा अस्थमा जैसी कई बीमारियाँ भी आ जाती हैं। नियमित रूप से दस से पन्द्रह मिनट तक इस ध्यान का अभ्यास करने से आज की इन समस्याओं से आसानी से बच सकते हैं।

सावधानियाँ

- ध्यान का अभ्यास खाली पेट करने से बेहतर परिणाम मिलते हैं। ध्यान के अभ्यास के आधे घण्टे बाद ही कुछ खाना–पीना चाहिए। भोजन करने के दो घण्टे बाद ध्यान का अभ्यास किया जा सकता है।
- ध्यान का अभ्यास एकान्त, शान्त तथा हवादार कमरे में करना चाहिए।
- ध्यान का अभ्यास योग्य गुरु के मार्गदर्शन में करना चाहिए।
- बुख़ार–बीमारी या किसी भावनात्मक उद्वेग की स्थिति में ध्यान का अभ्यास न किया जाये।

नोट्स कैसे तैयार करें?

अधूरे काम मैं बिलकुल पसन्द नहीं करता। यदि वे उचित हैं, तो उन्हें मन लगाकर करो। यदि अनुचित हैं, तो उन्हें बिलकुल त्याग दो।

—गिल्पिन

प्रिय पाठकों! प्रथम श्रेणी या मेरिट में आने के लिए विद्यार्थी द्वारा बनाये गये नोट्स बहुत सहायक होते हैं। लेकिन ज़्यादातर विद्यार्थी नोट्स बनाने का सही तरीक़ा नहीं जानते। इसी वजह से वे अपना क़ीमती समय और शक्ति बेक़ार में ज़ाया करते हैं। यदि आपने सही ढंग से नोट्स तैयार कर लिये हैं, तो समझ लीजिए कि परीक्षा से सम्बन्धित तैयारी की दो–तिहाई मंज़िल आप पार कर चुके हैं।

नोट्स क्या हैं?

नोट्स ऐसे संक्षिप्त वाक्य होते हैं, जो महत्त्वपूर्ण बातों को याद रखने में सहायक होते हैं।

नोट्स बनाने का तरीक़ा

- नोट्स बनाने से पहले आपको पूरे अध्याय को पूरे ध्यान से पढ़ना चाहिए, फिर हर पैराग्राफ़ से नोट्स लेने चाहिए।
- नोट्स क्रम से होने चाहिए, ताकि उनके पढ़ने से विषय के सम्बन्ध में सिलसिलेवार जानकारी हासिल हो सके।
- अच्छे नोट्स वे ही होते हैं, जिनमें उचित शीर्षक, उपशीर्षक तथा क्रमबद्धता हो।
- नोट्स स्वयं के शब्दों में होने चाहिए। चाहे वे व्याख्यान से लिये गये हों या किसी पाठ्य–पुस्तक से। स्वयं का किया हुआ विश्लेषण और वह भी अपने शब्दों में ज़्यादा अच्छा होता है।
- नोट्स पाठ्य–पुस्तक पर भी बनाये जाते हैं। इसका एक तरीक़ा पुस्तक में ही महत्त्वपूर्ण वाक्यों का रेखांकन है। परन्तु कुछ विद्यार्थी बिना किसी योजना के ही पुस्तक पर रेखांकन कर लेते हैं, जिसका कोई अर्थ नहीं होता। वास्तव में, अच्छी तरह से समझे गये अध्याय में थोड़े से अंश रेखांकन से ही काम चल सकता है।
- यदि पूरा पैराग्राफ ही महत्त्वपूर्ण है, तो पैराग्राफ के बाजू में दो खड़ी लकीरें खींची जा सकती हैं।
- पाठ्य–पुस्तक पर पेंसिल से रेखांकन अथवा आलोचनात्मक विचार लिखना अधिक सुविधाजनक होता है, ताकि बाद में उसमें सुधार किया जा सके। पुस्तकालय या अन्य किसी से ली गयी पुस्तक पर रेखांकन या नोट्स लिखना अनुचित है।
- बिना सोचे–समझे दूसरे विद्यार्थी के बनाये नोट्स लेना व्यर्थ है।
- नोट्स संक्षिप्त होने चाहिए। परन्तु इसका मतलब यह नहीं कि आप बहुत छोटे नोट्स बनायें। नोट्स की उपयोगिता पृष्ठों की संख्या से नहीं, विषय को समझने में सहायक सुझावों से है।
- पाठ्य–पुस्तक में से नोट्स लेने का एक तरीका यह भी है कि पुस्तक पढ़ते समय उसके महत्त्वपूर्ण, उपयोगी तथा रोचक पैराग्राफ या अंश पर आप

पेंसिल से रेखांकन कर दीजिए तथा बाद में उसे अपनी नोटबुक में उतार लीजिए।

➢ नोट्स में ली गयी विद्वानों की परिभाषाएँ, उद्धरण आदि को बार–बार दुहराकर कण्ठस्थ कर लेना चाहिए, ताकि परीक्षा में उन्हें उसी ढंग से बिना शब्दों का हेर–फेर किये लिखा जा सके।

➢ 'नोट्स बनाना है', केवल यही सोचकर लम्बे और उबाऊ नोट्स मत बनाइए। अपने नोट्स में सिर्फ़ उन्हीं अंशों को शामिल करें, जिनका उपयोग आप परीक्षा में कर सकें।

➢ नोट्स अच्छी और साफ़–सुथरी लिखावट में होने चाहिए, नहीं तो वे नीरस और उबाऊ लगेंगे। उन्हें बार–बार पढ़ने की इच्छा नहीं होगी।

टाइम मैनेजमेण्ट

दुनिया की सबसे मूल्यवान वस्तु है, समय।

—कहावत

हम सब समय की शिला के नीचे दबे हैं।

—हैरीसन

प्रिय पाठकों! समय एक ऐसा अनमोल तोहफ़ा है, जो सबको एक समान मात्रा में मिला है। दिन में सबके पास 24 घण्टे ही होते हैं। तब सिर्फ़ कुछ लोग, दूसरों के मुकाबले सफल क्यों हो जाते हैं? वे प्रभावी तरीक़े से अपने संसाधनों का प्रयोग करना जानते हैं। समय का प्रभावी उपयोग सीखने के लिए बचपन में ही समय का प्रबन्धन करने की शिक्षा देनी चाहिए।

क्या आप छात्रों के बुरे समय–प्रबन्धन को लेकर चिन्तित हैं? वे किन रुकावटों की वजह से स्कूल की असाइनमेण्ट सही समय पर पूरी नहीं कर पाते? समय–प्रबन्धन छात्रों के लिए किसी समस्या से कम नहीं है।

सामाजिक दायित्वों और कड़ी दिनचर्या के चलते वे समय का सही तरीक़े से प्रबन्धन नहीं कर पाते। केवल कुछ व्यक्ति ही इस कला में निपुण होते हैं। यदि आप स्कूल में, घर में या जीवन में कोई निश्चित लक्ष्य पाना चाहते हैं, तो आपको टाइम मैनेजमेण्ट में परफ़ैक्ट होना ही होगा।

छात्रों के जीवन में भी टाइम मैनेजमेण्ट बेहद ज़रूरी है। जब कोई छात्र टाइम मैनेजमेण्ट (समय–प्रबन्धन) सीख लेता है, तो वह अपने समय का न केवल सदुपयोग करता है, बल्कि हर क्षण की अहमियत भी समझने लगता है। टाइम मैनेजमेण्ट से छात्रों को अनुमान होने लगता है कि उन्हें कब किस काम को कितना समय देना है। इसके साथ ही उन्हें यह भी समझ आ जाता है कि किसी निश्चित गतिविधि को

कितना समय दे सकते हैं। इस तरह उन्हें अपने आने वाले समय में भी पूरी योजना के साथ काम करना आ जाता है।

छात्रों को हमेशा अपने समय का हिसाब रखना चाहिए। इस तरह वे अपनी पढ़ाई के लिए पूरा समय निकाल सकेंगे, जो कि मेरिट में अव्वल आने के लिए बहुत ज़रूरी है।

यहाँ मैं आपको टाइम मैनेजमेण्ट के कुछ सुझाव बता रहा हूँ, जिन पर अमल करके आप न केवल अपने ज़िम्मेदारियों का बेहतर तरीक़े से निर्वाह कर सकते हैं, बल्कि अपनी पढ़ाई के लिए काफ़ी वक़्त निकाल सकते हैं।

- रोज़मर्रा के काम जानने व उनकी प्राथमिकता तय करने के लिए आप 'टू–डू–लिस्ट' बनाना न भूलें। अपने काम, ज़िम्मेदारियों व लक्ष्यों को लिखना बेहद ज़रूरी है। अपनी प्राथमिकताओं के हिसाब से काम लिखें। इस तरह सबसे ज़रूरी काम अपने–आप ऊपर आ जायेगा।
- घड़ी की एक–एक टिक बहुत महत्त्व रखती है। हाथ से निकला मिनट कभी वापस नहीं आता। हमें किसी भी मिनट को बरबाद न करके उसका सदुपयोग करना चाहिए। जैसे–बस में बैठे हैं, तो कुछ पढ़ें। खाली पीरियड या लंच टाइम में अपने नोट्स पर नज़र डाल लें। यदि खाली समय है, तो किसी ऐसी प्लानिंग को शुरू कर लें, जिस पर कुछ समय बाद काम होता है। इस तरह आपके आने वाले समय के भी कई काम पहले ही पूरे हो जायेंगे।
- अपने दोस्तों को 'न' कहने की आदत डालें। कई बार 'न' कहना भी महत्त्वपूर्ण हो जाता है। कोई दोस्त आपको कंसर्ट दिखाने ले जाना चाहता है, लेकिन आप यही समय पढ़ाई में लगा सकते हैं। अगर आप देर रात तक चलने वाले कंसर्ट में गये, तो नींद भी पूरी नहीं होगी, जिससे अगले दिन की पढ़ाई पर भी असर पड़ेगा। हमेशा लांग व शॉर्ट टर्म प्राथमिकताएँ दिमाग़ में रखें। याद रखें कि हर काम का सही समय व सही जगह होती है।
- अध्ययनों से पता चला है कि उपयुक्त समय पर काम या पढ़ाई करने से बेहतर नतीजे आते हैं। जैसे किसी छात्र को दोपहर की बजाय सुबह के समय गणित पढ़ना सही लगता है, तो उसे उसी समय गणित पढ़ना चाहिए।

- अगर पूरी नींद नहीं लेंगे, तो सभी काम योजना के अनुसार नहीं कर पायेंगे। थोड़े से आराम के बाद मुश्किल काम शुरू करें, ताकि आपकी ऊर्जा भरपूर हो सके। नींद पूरी होने से सारे काम तुर्त–फुर्त होंगे, दिमाग़ ताज़ा रहेगा और आपका काफ़ी समय भी बचेगा।
- मन की शान्ति बनाये रखें। चिन्ता में समय न गँवायें। किसी विषय में चिन्ता करने के बजाय उसका समाधान तलाशें व कार्यवाही शुरू कर दें। किसी भी काम को कल पर न टालें।
- जो भी काम करें, उसमें एक आशावादी नज़रिया बनाये रखें। समस्याओं से निराश हो जायेंगे, तो तनाव तो होगा ही, साथ ही काम की क्वालिटी पर भी असर पड़ेगा।
- आपको अपनी योजनाओं में फेर–बदल की गुंजाइश भी रखनी चाहिए। आपको जान लेना चाहिए कि सभी काम योजना के अनुसार पूरे हो पाते। अपनी दिनचर्या सही तरीक़े से व्यवस्थित करें।
- कठिन विषयों की पढ़ाई पहले करें।
- मनोरंजन व आराम के लिए भी कुछ समय निकालें।
- भरपूर नींद व भोजन के लिए भी पर्याप्त समय निकालना चाहिए।
- मित्रों को अपने टाइम मैनेजमेण्ट से वाक़िफ़ करायें, ताकि वे आपकी पढ़ाई में बाधक न बनें।
- अपनी गतिविधियों को सही तरीक़े से शेड्यूल करें।
- काम की चिन्ता में समय लगाने की बजाय, उसमें जुट जायें।
- हर काम को सही नज़रिये से देखें।

- कोई काम या ज़िम्मेदारी दूसरे को भी सौंपे। सारा काम अपने कन्धों पर न डालें।
- हमेशा सहज व शान्त रहें।
- अपने पढ़ने की गति में तेज़ी लायें।
- यदि बीच–बीच में समय बचता है, तो किसी बड़े काम के लिए एक साथ समय निकालने के बजाय, उसके ही छोटे हिस्से कर लें। इस तरह काम पर बेहतर नियन्त्रण हो जायेगा।
- वैसे भी एक ही काम को घण्टों करने से बोरियत होने लगती है। काम के बीच थोड़ा ब्रेक भी लें।

यदि आपने सही तरीक़े से इन टिप्स का इस्तेमाल किया, तो आप काफ़ी फ़ायदे में रहेंगे। याद रखें, केवल समय–प्रबन्धन का अभ्यास ही किसी व्यक्ति या छात्र को सम्पूर्ण बना सकता है।

सफल अध्ययन कैसे करें?

अध्ययन हमें आनन्द देता है, अलंकृत करता है और योग्यता प्रदान करता है।

—बेकन

मस्तिष्क के लिए अध्ययन उतना ही जरूरी है, जितना शरीर के लिए व्यायाम।

—जोसेफ एडीसन

जितना ही हम अध्ययन करते हैं, उतना ही हमें अपने अज्ञान का आभास हो जाता है।

—शैली

प्रिय पाठकों! देखा गया है कि ज़्यादातर छात्र परीक्षा नज़दीक आने पर ही इसकी तैयारी में जुटते हैं, जबकि उन्हें स्कूल के खुलते ही अपनी पढ़ाई शुरू कर देनी चाहिए। शुरू–शुरू में पढ़ाई करने का सबसे बड़ा फ़ायदा यह होता है कि किसी भी विषय की अच्छी समझ हो जाती है तथा परीक्षा में उस विषय के लिए ख़ास तैयारी नहीं करनी पड़ती।

लेकिन देखा गया है कि कुछ विद्यार्थी इम्तहान क़रीब आने पर ही अपनी पढ़ाई शुरू करते हैं। ऐसे में उन्हें कई तरह की परेशानियों का सामना करना पड़ता है।

परीक्षा के पास आने पर उनमें तनाव, घबराहट, चिड़चिड़ापन, सिरदर्द, आँखों में जलन आदि परेशानियाँ घेर लेती हैं। इसी वजह से कुछ छात्र बीमार भी पड़ जाते हैं। आपके साथ ऐसा न हो, इसलिए आप पूरी प्लानिंग से सफल अध्ययन करें।

अब मैं आपको 'लैटेण्ट लर्निंग' के बारे में एक बात बताता हूँ। सफलता की बार–बार कल्पना करना विज्ञान की भाषा में **लैटेण्ट लर्निंग** कहा जाता है। अगर आपको परीक्षा में अव्वल नम्बरों से पास होना है, तो आप अपने मस्तिष्क को बार–बार यह निर्देश देते रहें कि आपको अपनी परीक्षाओं में हर हाल में सफल होना है।

जब मस्तिष्क को इस तरह की बातों के बार–बार निर्देश मिलते रहते हैं, तो मस्तिष्क की क्रिया भी उसी तरह से एक्टिव (सक्रिय) हो जाती है। मस्तिष्क के एक्टिव होते ही आपको इसका लाभ मिलने लगता है, इसलिए लैटेण्ट लर्निंग पर ज़रूर ध्यान दें।

देखा गया है कि पढ़ाई और परीक्षा को लेकर ज़्यादातर विद्यार्थी प्रेशर में रहते हैं। विद्यार्थी को दोनों ही बातों को लेकर किसी भी तरह का प्रेशर नहीं लेना चाहिए। पढ़ाई और परीक्षा को जितने आसान तरीक़े से आप लेंगे, यह उतनी ही अच्छी बात है। यदि आप प्रेशर में पढ़ाई करते हैं, तो आपको परेशानी अधिक होगी। आप अपनी पढ़ाई पूरी तरह नहीं कर पायेंगे, इसलिए आप टारगेट बनायें और उसे फॉलो करते हुए आगे बढ़ें, लेकिन ध्यान रहे कि अपने द्वारा बनाये गये टारगेट को भी प्रेशर न बनायें।

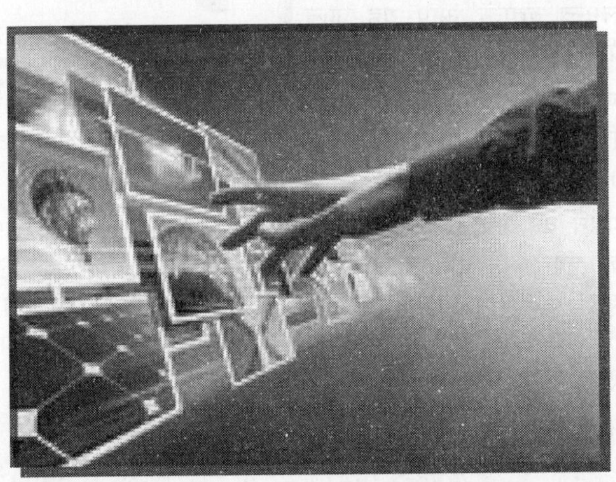

यदि आप प्रेशर में पढ़ाई करते हैं, तो आपको कुछ भी याद नहीं रहेगा। प्रेशर में आकर पढ़ाई करने से तनाव बढ़ता है और मानसिक दबाव की वज़ह से पढ़ी हुई कोई भी बात याद नहीं रहती। इसलिए आप पढ़ाई को हल्के अन्दाज़ में ही लें।

प्रिय पाठकों! इस दुनिया में आपको बहुत कम समय में बहुत सारे काम, पूरी फुर्ती और योग्यता से करने होंगे, क्योंकि समय कम है और काम बहुत हैं। आपको 'रैपिड रीडिंग' की आदत डालनी होगी, ताकि आप कम समय में बहुत सारा पढ़ सकें और आपकी एकाग्रता–शक्ति का भी विस्तार हो सके।

रैपिड रीडिंग क्या है?

सामान्य रूप से पढ़ने की गति से, तेज़ पढ़ना ही 'रैपिड रीडिंग' कहलाता है। यह आमतौर पर किसी उद्देश्य से की जाती है; जैसे कोई ख़ास जानकारी पाने के लिए या किसी पाठ्य–सामग्री का जायज़ा आदि लेने के लिए। इसकी मदद से आप तेज़ी से कोई भी जानकारी खोज सकते हैं, आसानी से नोट्स बना सकते हैं तथा दोहराव की तकनीकें सीख सकते हैं।

आपने कभी ग़ौर किया है कि आजकल ज़्यादातर लोगों की यही समस्या है कि वे तेज़ गति से नहीं पढ़ सकते। क्या आपकी भी यही समस्या है? क्या आप भी धीमी गति से पढ़ने के आदी हैं? क्या आप भी यह चाहते हैं कि पढ़ने की गति तेज़ की जाये ताकि आप वक़्त के साथ क़दम–से–क़दम मिलाकर आगे बढ़ने में कामयाबी हासिल करें।

इससे पहले मैं आपको तेज़ गति से पढ़ने का मूलमन्त्र बताऊँ, आप यह जान लीजिए कि धीमी गति क्या है और क्यों हैं?

यदि आप एक मिनट में 50 शब्द पढ़ते हैं, तो यह एक धीमी गति है। यदि आप एक मिनट में 200 से 250 शब्द पढ़ते हैं, तो यह मध्यम गति है और यदि आप एक मिनट में 400 से 500 शब्द पढ़ते हैं, तो यह तेज़ गति कहलायेगी।

आपके पढ़ने की गति किस श्रेणी में आती है, यह जानने के लिए आप अपने किसी मित्र को एक घड़ी दीजिए और ठीक 5 मिनट बाद रोकने के लिए कहें। अब आप पढ़ना शुरू कीजिए। पाँच मिनट बाद आपने किताब की जितनी लाइनें पढ़ीं, उन्हें शब्दों की संख्या से गुणा कीजिए और 5 से भाग दे दीजिए। आपको पता चल जायेगा कि एक मिनट में आप कितने शब्द पढ़ पाते हैं।

अब आप बताइए कि आपकी गति कैसी है? अगर आपकी गति धीमी है, तो आपको अपने पढ़ने की गति तेज़ करनी चाहिए, वरना आप पढ़ाई में अपने साथियों से पीछे रह जायेंगे।

मैं जानता हूँ कि आपके मन में यह सवाल उठ रहा होगा कि तेज़ गति से पढ़ने से आपको क्या लाभ होगा। मैं आपको तेज़ गति से पढ़ने के फ़ायदे के बारे में भी बताऊँगा, लेकिन आप वादा कीजिए कि आप मेरे द्वारा बतायी गयी तेज़ गति से पढ़ने की विधि का पूरा फ़ायदा उठायेंगे।

चलिए, मैं आपकी बात मान लेता हूँ। अब आप जानिए कि तेज़ गति से पढ़ने से क्या लाभ होता है। मान लीजिए कि आप 2 घण्टे पढ़ाई करते हैं। यदि आपकी गति

दुगुनी हो जाती, तो उन्हीं 2 घण्टों को आप 4 घण्टों में बदल सकते हैं। तिगुनी गति से आप 6 घण्टों में बदल सकते हैं और यह काम बड़ा सरल है।

आइए! अब तेज़ गति से पढ़ने के तरीकों से परिचित होते हैं–

तेज़ गति से पढ़ने को बेहतर तरीक़ा यही है कि आप तेज़ी से पढ़िए। आप शायद कहें कि ऐसे आपको पढ़ी चीज़ समझ नहीं आयेगी। आप इसकी चिन्ता बिलकुल मत कीजिए। आपको सब कुछ समझ आ में जायेगा। वास्तव में, तेज़ गति से पढ़ने से विषय जल्दी समझ में आता है, क्योंकि तेज़ गति से पढ़ने के दौरान आपकी समस्त इन्द्रियाँ विषय पर एकाग्र हो जाती हैं। हो सकता है कि शुरू–शुरू में आपको थोड़ी परेशानी का सामना करना पड़े, लेकिन जैसे–जैसे आप अपना अभ्यास बढ़ाते जायेंगे, वैसे–वैसे आप कठिनाइयों पर भी विजय प्राप्त करते जायेंगे।

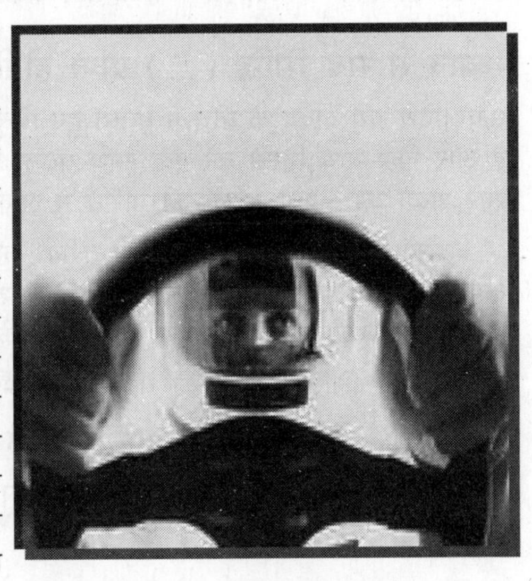

अपनी इस बात को साबित करने के लिए मैं आपके सामने एक उदाहरण रखता हूँ। मान लीजिए आप कार चला रहे हैं। आपकी कार की रफ़्तार धीमी है, इसलिए आप रास्ते के हर नज़ारे का लुत्फ़ उठाते हुए आगे बढ़ रहे हैं।

मान लजिए, आपने कार की रफ़्तार बढ़ा दी है। अब आप पायेंगे कि आस–पास के नज़ारे अब काफ़ी कम हो गये हैं, क्योंकि आपका ध्यान कार चलाने में पहले की अपेक्षा ज़्यादा लग रहा है। आपकी कार की रफ़्तार जैसे–जैसे तेज़ होती जायेगी, आपका आस–पास के नज़ारों पर टिका ध्यान वैसे–वैसे कार चलाने पर केन्द्रित हो जायेगा। ठीक ऐसा ही तब होता है, जब हम पढ़ाई करते हैं।

तेज़ गति से पढ़ने का दूसरा तरीक़ा यह है कि आप आँखों का संचालन कम–से–कम करें। कहने का तात्पर्य यह है कि आप प्रत्येक शब्द पर अपनी आँखें स्थिर न करें, बल्कि लाइन के मध्य में अपनी आँखें स्थिर करें, इसके बाद आप सीधे या नीचे वाली लाइन पर जायें और उसके मध्य में अपनी आँखें स्थिर करके पढ़ने का प्रयास करें।

इस तरीक़े से पढने में आपको कठिनाई का सामना अवश्य करना पड़ेगा, लेकिन जैसे–जैसे आप अपना अभ्यास बढ़ाते जायेंगे, आप इस तरीक़े से पढ़ने में महारत हासिल करते जायेंगे।

इस तरीक़े को आप कुछ यों समझ सकते हैं–

आमतौर पर कोई भी वस्तु पढ़ते वक़्त हमारी आँखों का संचालन कुछ इस तरीक़े से होता है–

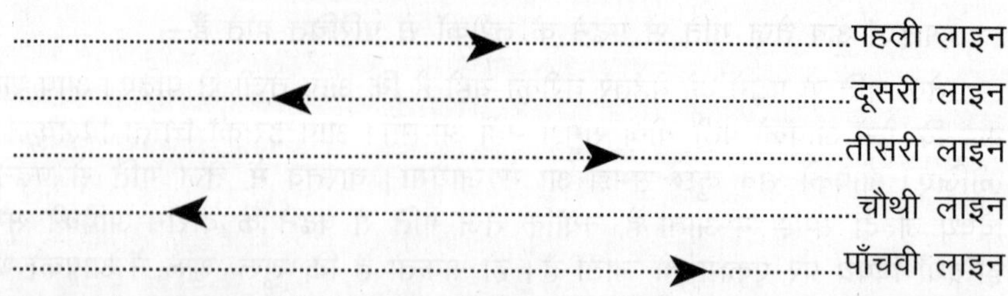

लाइन के मध्य में आँखें स्थिर करके मैंने आपको पढ़ने का जो तरीक़ा बताया है, उसमें आपको ज़्यादा–से–ज़्यादा शब्द अपनी आँखों की परिधि में लाने हैं, जैसे–

'ध्यान से सब सिद्धि (...) प्राप्त होती है।'

ऊपर दिये गये वाक्य के बीच में बनाये हुए बिन्दु पर आपको अपनी आँखें स्थिर करनी हैं और फिर बायें हिस्से को एक साथ पढ़ना है। इसके बाद आपको दायें हिस्से के सारे शब्दों को अपनी आँखों की परिधि में लाकर पढ़ना है।

आँखें स्थिर करके पढ़ने के इस तरीक़े को 'आई फिक्सेशन' (दृष्टि–स्थिरीकरण) कहते हैं। यदि हम अभ्यास द्वारा 'आई फिक्सेशन' में महारत हासिल कर लेते हैं, तो हम 'शब्द–स्थिरीकरण' के समय को 0.15 सेकेण्ड तक घटा सकते हैं।

अब निम्नलिखित वाक्यों को आप दो बार आँखें स्थिर करके पढ़ने का अभ्यास करें।

जो ज्ञानियों के साथ चलता है, अवश्य ज्ञानी हो जाता है

जो ज्ञानियों के साथ चलता है | अवश्य ज्ञानी हो जाता है

ज्ञानी हर बात की अपने से आशा रखता है

ज्ञानी हर बात की | अपने से आशा रखता है

आइए! अब यह जानें कि आँखों की परिधि कैसे बढ़ायी जाती है।

जब आप दीवार पर टँगी हुई तस्वीर देखते हैं, तब क्या आप सिर्फ़ तस्वीर ही देखते हैं? उस समय आप दीवार का रंग, समीप पड़ी अन्य वस्तुओं को भी अपनी आँखों की परिधि के क्षेत्र में लाते हैं।

इस प्रकार कोई पत्रिका या अख़बार पढ़ते समय आप अपनी आँखों की परिधि बढ़ाने का अभ्यास करें।

जी व न
वि का स
अ म र
का य र
स च चा

आप अपनी आँखें बीच में केन्द्रित कीजिए और दायें व बायें अक्षरों की परिधि के क्षेत्र में समेटने का प्रयास कीजिए। ध्यान रखें, इन्हें पढ़ते समय न तो आप होंठ हिलायें और न ही इन अक्षरों की गूँज मस्तिष्क में गूँजने दें।

असफलता के विचार
सफलता का उत्पन्न होना
उतना ही सम्भव है
जितना बबूल के पेड़ स
गुलाब के फूल का निकलना

अख़बार तेज़ गति से कैसे पढ़ें?

अख़बार कॉलम में छपे होते हैं। इन्हें पढ़ते समय आप लम्बवत् परिधि क्षेत्र विकसित करें। निम्नलिखित पंक्तियों में प्रत्येक के ऊपर एक स्टार चिह्न लगा है। आप इस स्टार चिह्न पर नज़र रखते हुए पूरी पंक्ति पढ़ने का अभ्यास करें।

क्रोध से
★
मनुष्य का विनाश
★
होता है
★
इसलिए क्रोध को
★
यमराज कहा जाता है

यह अभ्यास 6–7 बार करने के बाद आप किसी भी समाचार–पत्र को उठायें और उसे इस तरीक़े से पढ़ने का प्रयास करें।

सफल अध्ययन के लिए कुछ सुझाव

- ➢ जब आप मनोरंजन के लिए कोई पुस्तक पढ़ें, तो अपनी कल्पना को ऊँची उड़ान भरने दें।
- ➢ ज्ञान प्राप्त करने के लिए पूरे ध्यान से पढ़ें।
- ➢ अध्ययन के लिए आप ख़ास जगह बनायें, जिससे अध्ययन का मस्तिष्क पर प्रभाव बना रहे। उचित प्रकाश की व्यवस्था रखें, अन्यथा कम रोशनी से खीझ

हो जाती है।

➢ अध्ययन के समय आप अन्य बातों को दूर रखें।

➢ अपने पास एक नोटबुक और पेन अवश्य रखें।

अगर आप विद्यार्थी हैं, तो-

➢ पढ़ाई शुरू करते समय सरल विषय और सरल मन से पढ़ना शुरू करें और जब थक जायें, तो थोड़ा विश्राम करें।

➢ कठिन विषयों को भागों में बाँटें और स्वस्थ मन से सीखें।

➢ अध्ययन के लिए निश्चित समय की अवधि रखें और लगभग एक घण्टे के बाद थोड़ा व्यायाम भी करें। जब पढ़ाई का समय आये, तो फ़ौरन पढ़ना शुरू कर दें, ताकि ध्यान भटकने न पाये।

➢ अध्ययन का पक्का कार्यक्रम बनाने के लिए सप्ताह को घण्टों में विभाजित करें और प्रत्येक घण्टे में विशेष कार्य निर्धारित करें।

➢ थकावट होने पर विश्राम ज़रूर करें, क्योंकि थके हुए शरीर में मस्तिष्क स्वस्थ व ताज़ा नहीं रह पाता। अपने मस्तिष्क को सावधान रखने के लिए उठकर फुर्ती से चलें, खुली खिड़की के पास आकर गहरी–गहरी साँसें लें। आवश्यकता हो, तो मुँह पर पानी के छींटे डालें।

➢ अध्ययन–कार्य में अपनी नोटबुक ज़रूर रखें। उसमें केवल ज़रूरी बातें ही नोट करें। नोटबुक में अपने शब्दों में मुख्य विचार लिखें। लिखावट खुली–खुली हो, जिससे बाद में ज़रूरत के अनुसार पंक्तियों के बीच में अतिरिक्त बातें लिखी जा सकें या सुधार किया जा सके।

➢ किसी विषय का पुनः अध्ययन शुरू करने से कुछ मिनटों के लिए अपनी लिखी हुई बातें, बिना पूरा पढ़े, उन्हें मानसिक रूप से दोहरा लें।

➢ आपकी पढ़ाई ठीक चल रही है या नहीं, इस पर अवश्य विचार करें। अपनी परीक्षा अपने–आप लिखकर करें।

➢ जो कुछ आपने सीखा है, उचित अवसर पर उसका प्रयोग करना भी सीखें, क्योंकि वही ज्ञान काम आता है, जिसका बाद में उपयोग किया जाता है।

आत्मविश्वास कैसे बढ़ायें?

आत्मविश्वास का अर्थ है, अपने काम में अटूट श्रद्धा।

–महात्मा गाँधी

महान् कार्य करने के लिए पहली ज़रूरी चीज़ है–आत्मविश्वास।

–जानसन

यदि तुम अपने पर विश्वास कर सको, तो दूसरे प्राणी भी तुम पर विश्वास करने लगेंगे।

–गेटे

आत्मविश्वास सफलता का प्रथम रहस्य है।

–इमर्सन

प्रिय पाठकों! अक्सर देखा गया है कि विद्यार्थी साल भर बड़ी मेहनत से पढ़ाई करते हैं, लेकिन जैसे–जैसे परीक्षाएँ समीप आने लगती हैं, उनका आत्मविश्वास डगमगाने लगता है। अब आप अमित को ही देखिए, उसने पूरे साल दिन–रात पढ़ाई की, लेकिन परीक्षा हॉल में क़दम रखते ही उसे बुरी तरह घबराहट होने लगी, बेचैनी भी महसूस हुई। उसका जी चाहा कि वह वहाँ से घर लौट चले, लेकिन वह ऐसा न कर सका। जैसे–जैसे उसने वह परीक्षा दी और फिर जब इम्तहान का नतीजा सामने

आया था, तो उसके मार्क्स बेहद कम थे।

वास्तव में अमित को एग्ज़ाम के दिनों में एंग्जाइटी (अधिक चिन्ता से होने वाली दिमाग़ की बीमारी) की प्राब्लम हो गयी थी, जिसकी वजह से उसका आत्मविश्वास डगमगा गया था। अगर अमित ने परीक्षाओं के क़रीब आने पर बिना किसी चिन्ता के पढ़ाई की होती, तो हमेशा अव्वल नम्बर पाने वाला अमित कभी इतने कम मार्क्स नहीं ला पाता।

असल में, ऐसी समस्याएँ सिर्फ़ अमित को ही नहीं होतीं, बल्कि हर तीसरे छात्र को होती हैं। जो इन पर क़ाबू पा लेते हैं, वे एग्ज़ाम ठीक ढंग से देते हैं और जो चिन्ता की वज़ह से अपना आत्मविश्वास खो बैठते हैं, वे यक़ीनन कम मार्क्स ही ला पाते हैं या फिर परीक्षा में फेल हो जाते हैं।

अगर आप में आत्मविश्वास की कमी है, तो आप इस अध्याय को बड़े ध्यान से पढ़ें, क्योंकि इसमें आत्मविश्वास को बढ़ाने वाले तमाम नुस्ख़े मौजूद हैं।

आत्मविश्वास बढ़ाने के कुछ नुस्ख़े

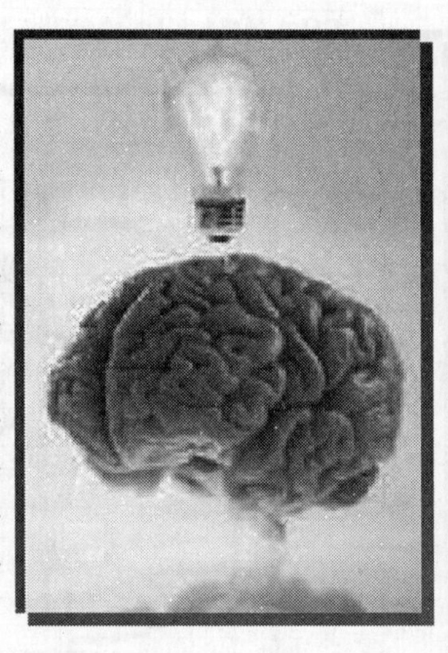

- **स्वयं को जानें** : किसी भी जंग में जाने से पहले समझदार जनरल आपने दुश्मनों के बारे में जानना चाहता है। आप दुश्मन को जाने बिना उसे हरा नहीं सकते और जब आप नकारात्मक आत्मछवि से उबर कर आत्मविश्वासी बनना चाह रहे हैं, तो आप अपने ही शत्रु हैं। अपने–आप को जानें। अपने विचारों को सुनना सीखें, अपने विचार लिखकर विश्लेषण करें कि आपकी सोच नकारात्मक क्यों है? उसके बाद अपनी कमियों को दूर करने की कोशिश कीजिए। आपमें निश्चित रूप से आत्मविश्वास आयेगा।
- **सकारात्मक बनें** : सिर्फ़ सकारात्मक सोचने के बजाय इसे अपने कामों में उतारें। सकारात्मक बनना सीखने के बाद, अपनी एक–एक कार्यवाही में इसे उतारें। आप वहीं हैं, जो लोग कहते हैं। इसलिए यदि आप काम में बदलाव लाते हैं, तो आप जो हैं, उसमें भी बदलाव आयेगा। ''मैं कोई काम नहीं कर सकता'', ऐसी सोच रखने के बजाय सकारात्मक रूप से उस काम को करें। लोगों से सकारात्मक रूप से मिलें। आपके काम ऊर्जा व जोश से भरपूर होंगे, तो जल्दी ही फ़र्क़ महसूस होने लगेगा।

➢ **हमेशा तैयार रहें** : यदि आपको लगता रहेगा कि आप अच्छा नहीं कर पायेंगे, तो आत्मविश्वास कहाँ से आयेगा। पूरी तैयारी करें, ताकि इस सोच से लड़ा जा सके। किसी परीक्षा के बारे में सोचें। अपने ऊपर पूरा भरोसा न होने के बावजूद आपने तैयारी की और परीक्षा दी। वहाँ आप अच्छे अंकों से पास हुए। इस तरह आपका आत्मविश्वास बढ़ेगा। अब जीवन को भी एक परीक्षा मान लें व इसकी तैयारी करें।

➢ **धीरे बोलें** : बात तो छोटी है, लेकिन आपकी छवि में बहुत बड़ा बदलाव ला सकती है। अधिकार रखने वाला व्यक्ति धीरे–धीरे बोलता है। वह आत्मविश्वास से भरपूर होता है। किसी व्यक्ति को जब लगता है कि उसकी बात सुनने लायक़ नहीं है, तभी वह उसे जल्दी–जल्दी बोलकर ख़त्म करने की कोशिश करता है। चाहे आपको इस बात पर यक़ीन न आये, फिर भी इसे आजमा कर देखें। इससे आप आत्मविश्वास से भरपूर हो जायेंगे।

➢ **क्षमता बढ़ायें** : क्षमता धीरे–धीरे बढ़ती है। यदि आप एक सक्षम लेखक बनना चाहते हैं, तो छोटी कहानियाँ, ब्लॉग व फ्रीलांस लेखन से शुरुआत करें। जितना लिखेंगे, लेखन में उतना ही निखार आयेगा। हर रोज़ दिन में आधा घण्टा लिखने का अभ्यास करें, इससे आपकी क्षमता बढ़ेगी।

➢ **काम को टालें नहीं** : जिस काम को कई दिन से टाल रहे हों, उसे आज सबसे पहले निपटा दें। आपको मन ही मन बहुत अच्छा लगेगा।

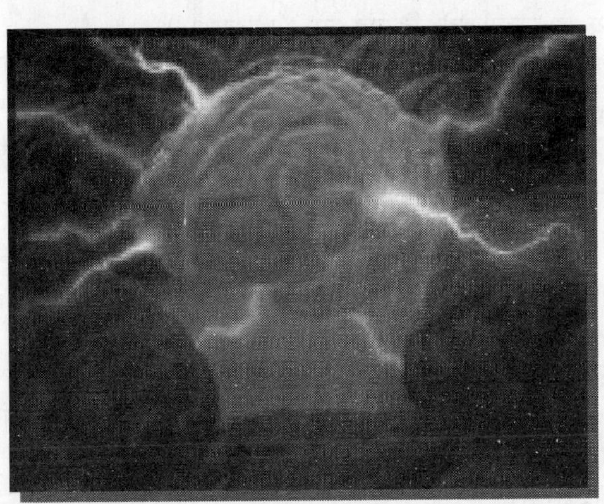

➢ **सक्रिय रहें** : कुछ न करने से कुछ करना बेहतर होता है। हालाँकि कम करने से ग़लतियाँ तो होंगी, पर वे भी जीवन का ही एक हिस्सा हैं। तभी तो हम सीखते हैं। ग़लतियाँ नहीं होंगी, तो बेहतरी की सम्भावना ही नहीं रहेगी। बस सक्रिय रूप में लगे रहें।

➢ **छोटी बातों पर ध्यान दें** : किसी भी बड़े और मुश्किल प्रोजेक्ट को हाथ में लेना, किसी के लिए भी सिरदर्द बन सकता है, लेकिन उसे छोटे–छोटे टुकड़ों में बाँट लें। जब वे काम पूरे होंगे, तो आपको अच्छा लगेगा। इसी तरह काम करते रहें। आपके आत्मविश्वास में कोई कमी नहीं रहेगी।

➢ **समाधानों पर केन्द्रित रहें** : समस्या की बजाय समाधान पर केन्द्रित होना सीखें। ''मैं मोटा और आलसी हूँ।'' इस समस्या पर सोचने की बजाय समाधान निकालें, ''लेकिन मैं स्वयं को प्रेरित कर सकता हूँ।'' इस तरह समाधान के बारे में सोचने से भी आपका आत्मविश्वास बढ़ेगा।

➢ **छोटे लक्ष्य बनायें** : देखा गया है कि लोग बिना सोचे–समझे बड़े–बड़े लक्ष्य बना लेते हैं। जब उन तक नहीं पहुँच पाते, तो निराश हो जाते हैं। आप ऐसे लक्ष्य बनायें, जिन्हें प्राप्त किया जा सके। इस तरह आपको अच्छा लगेगा। हर बार नया छोटा लक्ष्य बनायें व उसे प्राप्त करें। इसके बाद आपको प्राप्त किये जा सकने वाले बड़े लक्ष्य भी बनाने आ जायेंगे और आप उन्हें भी प्राप्त कर पायेंगे।

➢ **सदा मुस्कुरायें** : यह छोटी–सी बात है, लेकिन बहुत अहमियत रखती है। इससे हमें खुशी मिलती है और हम दूसरों के प्रति दयालु रवैया अपना सकते हैं। यह समय व ऊर्जा के हिसाब से भी बुरा निवेश नहीं है।

➢ **व्यायाम** : यह भी एक ऐसी गतिविधि है, जो आपको बेहतरी का एहसास दिलाती है। सप्ताह में कुछ दिन सैर पर जायें, आप स्वयं फ़र्क़ महसूस करेंगे।

➢ **जानकारी हासिल करें** : चाहे तरीक़ा कोई भी हो, जानकारी लेने में आपका आत्मविश्वास बढ़ेगा। इण्टरनेट की मदद लें, दुनिया के बारे में जानें। इसके अलावा आप किताबों, पत्रिकाओं व शैक्षिक–संस्थानों से भी मदद ले सकते हैं।

परीक्षा के अन्तिम दिनों में क्या करें?

मस्तिष्क के लिए अध्ययन की उतनी ही आवश्यकता है, जितनी शरीर को व्यायाम की।

—जोसेफ़ एडीसन

जितना ही हम अध्ययन करते हैं, उतना ही हमको अपने अज्ञान का आभास होता है।

—स्वामी विवेकानन्द

आज पढ़ना सब जानते हैं, पर क्या पढ़ना चाहिए, यह कोई नहीं जानता।

—जार्ज बर्नार्ड शॉ

प्रिय पाठकों! परीक्षा के अन्तिम दिनों में हर विद्यार्थी का मानसिक रूप से तैयार होना बहुत ज़रूरी है। जो विद्यार्थी खुद को परीक्षा देने के लिए तैयार नहीं कर पाते, उन्हें परीक्षा से भय लगने लगता है। भय की वज़ह से मानसिक तनाव व घबराहट बढ़ जाती है। सिर में दर्द, चक्कर आना, मुँह सूखना, याददाश्त का कम हो जाना तथा थकान के लक्षण दिखायी देने लगते हैं। कभी–कभी तो सब कुछ छोड़ कर भाग जाने की इच्छा होने लगती है। इसलिए अपनी पढ़ाई नियमित रूप से करें। आप अपनी पढ़ाई पहले से कर लेते हैं, तो आप अपने–आपको परीक्षा देने के लिए

तैयार कर लेते हैं। ऐसे में आपका आत्मविश्वास बढ़ जाता है और आपको किसी भी प्रकार का भय या डर का सामना नहीं करना पड़ता।

नियमित रूप से पढ़ाई

देखा गया है कि कई छात्र साल भर नियमित रूप से पढ़ाई करते हैं, लेकिन परीक्षा के क़रीब आने पर वे ओवर कांफिडेंस का शिकार हो जाते हैं और अपनी पढ़ाई में ढिलाई करने लगते हैं। इसका नतीजा यही निकलता है कि उनके मार्क्स बहुत कम आते हैं। इसलिए परीक्षा के दिनों में आप आलस्य हरगिज़ न करें। सभी विषयों की पूरी तैयारी हो चुकी है, तो उनका रिवीजन करते रहे। साल भर जिस गति से आपने अपनी पढ़ाई जारी रखी है, उसी गति से परीक्षा के अन्तिम दिनों तक अपनी पढ़ाई जारी रखें। यहाँ मैं आपसे एक बात का ज़िक्र और करना चाहूँगा। परीक्षा के दिनों में इस पुस्तक को अवश्य पढ़ें, ताकि स्मृति को विकसित करने वाली सारी तकनीकें आपके ज़ेहन में अच्छी तरह से बैठ जायें। मैं यक़ीन से कहता हूँ कि परीक्षा के अन्तिम दिनों में यह किताब आपके लिए रामबाण औषध का कार्य करेगी।

आत्मविश्वास ज़रूरी है

इसमें कोई दो राय नहीं कि परीक्षा देने से पहले अगर आप अपने सभी विषयों की तैयारी कर लेंगे, तो आपमें निश्चित रूप से आत्मविश्वास आयेगा। परीक्षा देने के लिए आपमें ख़ासा उत्साह होगा। आपके मन में यह शब्द गूँजने लगेंगे–''मैं सब कुछ कर सकता हूँ।'' लेकिन यहाँ आप एक बात ख़ास तौर से स्मरण रखें कि अति उत्साह में

परीक्षा के दिनों में आप रिवीजन न करें, नहीं तो आप परीक्षा में कभी भी अच्छे मार्क्स नहीं प्राप्त कर पायेंगे।

ब्रेक ज़रूर लें

अगर आप समझते हैं कि दिनभर लगातार पढ़ते रहने से अच्छे नम्बर मिल जायेंगे, तो आपका ऐसा सोचना ग़लत है, क्योंकि लगातार पढ़ाई करने से दिमाग़ तनावग्रस्त हो जाता है और ध्यान भंग होने लगता है। इसी वज़ह से आप सब पढ़ा–लिखा भूल जाते हैं। इसलिए पढ़ते समय आप ब्रेक ज़रूर लें। ब्रेक लेने से दिमाग़ का तनाव कम हो जाता है और वह तरोताज़ा महसूस करने लगने लगता है।

क्या करें ब्रेक के दौरान

ब्रेक के दौरान आप कुछ आसान से व्यायाम भी कर सकते हैं, जिससे आष स्वयं को तरोताज़ा महसूस करेंगे।

- ➢ अपनी तर्जनी (अँगूठे के साथ पहली अँगुली) से अँगूठे के पोर का स्पर्श कीजिये। ध्यान देने पर आप अपनी धड़कन (पल्स) महसूस कर सकते हैं।
- ➢ अपनी आँखें बन्द कर लें। एक मिनट तक बिलकुल शान्त रह कर मन को शान्त करने का प्रयास करें, फिर नाक से गहरी साँस लें और मुँह से छोड़ें। इससे भी आपको काफ़ी हद तक शान्ति मिलेगी
- ➢ तेज़ क़दमों से नंगे पैर टहलना दिमाग़ को तरोताज़ा रखता है।
- ➢ एक्यूप्रेशर वाली चप्पल पहन कर टहलें। तलवों में कई प्रेशर प्वाण्इट होते हैं। चलते समय इन पर दबाव पड़ता है और ये सक्रिय हो जाते हैं। इससे ब्लड ऑक्सीजन और ग्लूकोज़ का प्रवाह बढ़ जाता है।
- ➢ अँगुलियों से मेज़ थपथपायें। इससे अँगुलियों के पोरों पर स्थित ऊर्जा–बिन्दु सक्रिय हो जाते हैं।
- ➢ अपनी भौहों के शुरुआती बिन्दु पर (नाक के ऊपर) थपथपाने से दिमाग़ को तेज़ी से खून मिलने लगता है।
- ➢ नाक के नीचे और होंठों के ऊपर के स्थान पर अँगुलियों को थपथपाने पर दिमाग़ को मानसिक तनाव से राहत मिलती है।

समय-प्रबन्धन बेहद ज़रूरी

परीक्षाओं के अन्तिम दिनों गें आपकी सीटिंग (बैठक) परीक्षा के टाइम के हिसाब से होनी चाहिए। आपको उसी टाइम में अपने पुराने पेपर हल करने की प्रैक्टिस कर लेनी चाहिए। यदि आप ऐसा नही कर पाते हैं, तो आपको मिलने वाले मार्क्स बेक़ार चले जायेंगे।

- परीक्षा देते समय सबसे पहले आसान सवालों को हल करें। इससे आपको अन्य सवालों के जवाब देने में गति आयेगी।
- अपना वक़्त दोस्तों के सवालों के जवाब देने में न बितायें, क्योंकि परीक्षा के अन्तिम दिनों में आपका एक–एक मिनट बहुत महत्त्वपूर्ण होता है।
- दूसरों के अध्ययन पर ध्यान न दें। आप क्या पढ़ रहे हैं, अपनी पढ़ाई पर कितना समय दे रहे हैं, उस पर ध्यान दें।
- परीक्षा के दिनों में खेलकूद, मनोरंजन पर अधिक ध्यान न दें। इसके बदले थोड़ा–सा व्यायाम करें। खुली हवा में घूमें। दोस्तों के साथ बैठकर बेकार की बातों में समय ज़ाया न करें, अपने विषयों पर बातचीत करें।
- देर रात तक जाग कर पढ़ाई न करें। जल्दी सो जायें और सुबह जल्दी उठकर पढ़ाई करें। सुबह की पढ़ाई अच्छी होती है और वातावरण भी शान्त होता है, जिससे किसी भी विषय को याद करने में आसानी रहती है

परीक्षा के दिनों में कैसा हो खानपान

परीक्षा के दिनों में खानपान पर विशेष ध्यान रखना चाहिए, क्योंकि इन दिनों छात्र तनाव से गुज़र रहे होते हैं। उन्हें लम्बे समय तक स्टडी टेबल पर बैठकर पढ़ाई करनी होती है।

वसा का नियन्त्रण : इन दिनों अधिक वसायुक्त चीज़ें नहीं खानी चाहिए। इससे सुस्ती आती है। खानपान में कार्बोहाइड्रेट, विटामिंस और मिनरल्स की उचित मात्रा होनी चाहिए। इसके लिए हरी सब्ज़ी, ताज़े फल, सूखे मेवे तथा दूध का अधिक मात्रा में सेवन करना चाहिए।

जंक फूड से परहेज़ : परीक्षा के दौरान विद्यार्थियों को जंक फूड के सेवन से परहेज़

करना चाहिए। जंक फूड में आवश्यक पोषक तत्त्व नहीं होता और जब हमारे शरीर को आवश्यक पोषक तत्त्व नहीं मिलता, तब मस्तिष्क की सक्रियता कम हो जाती है।

नाश्ते में शहद : शहद एक पौष्टिक आहार है। नाश्ते में ब्रेड या रोटी के साथ इसे लिया जा सकता है। इससे शरीर को विटामिन व ऊर्जा पर्याप्त मात्रा में मिलती है।

दूध व फल : परीक्षा के दिनों में दूध और ताज़े फल का सेवन नियमित रूप से करना चाहिए। इससे शरीर को पर्याप्त मात्रा में विटामिन व मिनरल मिलते रहते हैं। ताज़े फल व दूध से जो ऊर्जा मिलती है, वह पढ़ाई के दौरान काफ़ी काम आती है।

ग्लूकोज़ : पढ़ाई के दौरान बीच–बीच में ग्लूकोज़ पाउडर मिला हुआ पानी यदि पीते हैं, तो मस्तिष्क को काफ़ी एनर्जी मिलती है।

बादाम का सेवन : विद्यार्थियों को नियमित रूप से बादाम का सेवन करना चाहिए। बादाम मे पाये जाने वाले तत्त्व मस्तिष्क की कोशिकाओं को काफ़ी मात्रा में एनर्जी देते हैं, जिससे मस्तिष्क लम्बे समय तक सक्रिय रहता है। परीक्षा के दिनों में सुबह–शाम बादाम अवश्य खाने चाहिए

दोपहर का खाना : दोपहर के वक़्त भरपेट खाना चाहिए। भोजन में दाल, चावल, रोटी, हरी सब्ज़ी, नींबू आदि शामिल करने चाहिए। इन दिनों नॉनवेज़ खाने वाले विद्यार्थियों को मटन व चिकन से परहेज़ करना चाहिए।

शाम का भोजन : शाम के वक़्त हल्का गरम दूध, बादाम डालकर सेवन करें। ताज़े फल भी खा सकते हैं। इसके अलावा कोई डिब्बाबन्द सामग्री, चाऊमीन, पास्ता तथा कोल्ड ड्रिंक आदि का सेवन न करें।

रात का भोजन : रात का खाना हल्का होना चाहिए। खाने में आप हल्की दाल, पतली रोटी, सूप तथा सलाद आदि शामिल कर सकते हैं

पानी कितना पीयें : पढ़ाई के दौरान दिन भर में कम–से–कम आठ से दस गिलास पानी ज़रूर पीना चाहिए। पर्याप्त मात्रा में पानी पीने से शरीर के अन्दरूनी तन्त्रों की अच्छी तरह से सफ़ाई हो जाती है।

कैसे करें परीक्षा की तैयारी?

परीक्षा की तिथि घोषित होते ही अधिकतर छात्र परीक्षा की तैयारी कैसे करें? इस बात को लेकर परेशान हो जाते हैं। विद्यार्थी द्वारा ठीक ढंग से परीक्षा की तैयारी न करने की वज़ह से उन्हें परीक्षा में मनचाही सफलता प्राप्त नहीं होती है।

पढ़ाई में मनचाही सफलता पाने के लिए कुछ बातों पर ध्यान देने की ख़ास ज़रूरत होती है पढ़ाई की तैयारी करते समय विद्यार्थी निम्नलिखित बातों पर ज़रूर गौर करें।

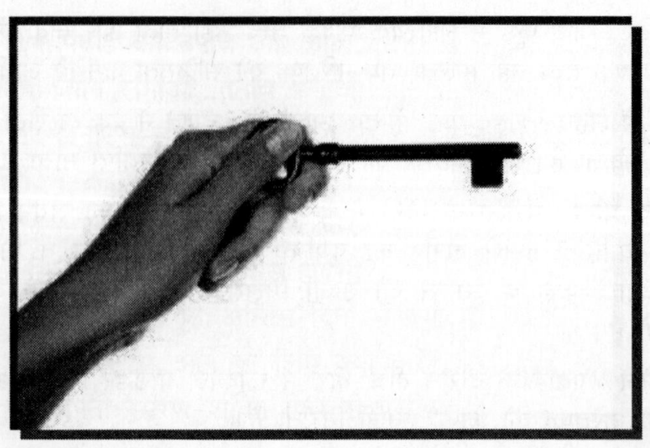

टाइम टेबल बनाकर पढ़ें : परीक्षा के नाम पर तनाव न पालें। आत्मविश्वास और सकारात्मक सोच के साथ तैयारी करें। प्रतिदिन नियमित रूप से अध्ययन करें। ऐसा नहीं कि आज एक घण्टे पढ़ाई की और अगले दिन चार घण्टे। इससे पढ़ाई का पूरा लाभ नहीं मिलेगा।

नोट्स ज़रूर बनायें : प्रत्येक विषय को व्यवस्थित तरीक़े से पढ़ने के लिए नोट्स ज़रूर बनायें। इससे अच्छी तरह से पाठ्य पुस्तक का दोहराव हो जाता है और उत्तर की अच्छी रूपरेखा तैयार हो जाती है। साथ–साथ कोई भी महत्त्वपूर्ण प्वाइण्ट भी नहीं छूटते।

कठिन विषय : कठिन विषयों से ज़रा भी न घबराएँ। उन विषयों को ज़्यादा समय देकर पढ़ाई करें।

विषय की गहराई में जाना : किसी विषय को कितना भी रटा जाये, उसे निश्चित समय के बाद भूल जाते हैं। लेकिन यदि उसे अच्छी तरह से समझ लिया जाये, तो वह लम्बे समय तक याद रहता है। इसलिए किसी भी विषय को रटने के बजाय उस विषय की गहराई में जाकर उसे समझने की कोशिश करें। गहरी समझ ज्ञान को स्थायी बनाती है।

शंकाओं का समाधान : किसी भी विषय को समझने में आपको दिक़्क़त हो, तो आप फ़ौरन उस विषय के टीचर से मिलकर उसका समाधान करें। यह बात आप ज़रूर याद रखें कि यदि आपने इस मामले मे ज़रा भी लापरवाही बरती, तो वह शंका आपको हमेशा परेशान करेगी।

बार–बार पढ़ें और लिखें : परीक्षा में अच्छे परिणाम चाहते हैं, तो प्रश्नों के उत्तर लिखें और पढ़ें। सिर्फ़ पढ़ने से पचास प्रतिशत उत्तर याद रहता है। यदि लिख–लिख कर याद किया जाये, तो वह पूरी तरह से याद हो जाता है।

गेस पेपर का निर्भर न हों : बाज़ार में बिकने वाले गेस पेपर, कुंजी, गाइड आदि

से पढ़ाई न करें। पाठ्यपुस्तक से ही पढ़कर परीक्षा की तैयारी करें। परीक्षा के पहले नोट्स तैयार कर लें, जिससे परीक्षा की तैयारी के दौरान लम्बे–लम्बे अध्यायों से पढ़ने से बच सकें।

बैठ कर पढ़ाई करें : जो लोग लेटकर पढ़ते हैं, उन्हें यह बात ज़रूर याद रखनी चाहिए कि लेटकर पढ़ाई करने से आँखों पर ज़ोर पड़ता है। इसलिए पढ़ने के लिए टेबल और कुर्सी का ही प्रयोग करें। इस बात का ध्यान रखें कि पढ़ाई के समय रोशनी आँखों पर न पड़े। रोशनी हमेशा पुस्तक पर पड़नी चाहिए। इसके लिए टेबल लैम्प का इस्तेमाल करें।

लम्बी बैठक ठीक नहीं : कई घण्टों तक बैठकर पढ़ाई करना कदापि ठीक नहीं है। एकाध घण्टा पढ़ने के बाद 5–10 मिनट के लिए आराम करना चाहिए। इसके बाद फिर पढ़ाई शुरू करें। इस 5–10 मिनट के लिए कुर्सी से उठकर कमरे के बाहर या कमरे के अन्दर टहलें। इससे हाथ–पैर और शरीर की जकड़न दूर हो जायेगी। चेहरे और आँखों पर पानी के छीटें मारें, इससे ताज़गी महसूस होगी।

सोने का समय : देर रात तक पढ़ाई करना लाभदायक नहीं होता। रात में समय से सो जायें और सुबह जल्दी उठकर पढ़ाई करें। सुबह जल्दी उठ कर पढ़ाई करना अच्छा होता है। रात भर मस्तिष्क की कोशिकाएँ आराम कर चुकी होती हैं, जिससे मस्तिष्क तरोताज़ा रहता है।

परीक्षा हॉल में

परीक्षा हॉल में समय जैसे पंख लगाकर उड़ता है। ऐसी स्थिति से निपटने के लिए उत्तर देने की गति को बढ़ाने की ज़रूरत होती है। इसकी तैयारी पहले से करने की आवश्यकता होती है।

- परीक्षा की तैयारी करते समय विद्यार्थियों को इन बातों का ध्यान रखना चाहिए कि वे जो भी तैयारी कर रहे हैं, उसे पूरी प्लानिंग से करें।
- तीन घण्टे में आप कितने सवाल सही या ग़लत करते हैं, इस पर ध्यान दें। हो सकता है कि शुरुआती दिनों में हड़बड़ी और जल्दबाज़ी में ग़लतियाँ अधिक हो सकती हैं। इसकी चिन्ता न करें। इस बात का ध्यान रखें कि अगली बार ग़लतियों को न दोहरायें। अभ्यास करते–करते सुधार आ जायेगा।
- जब ग़लतियों में सुधार आ जाये, तब धीरे–धीरे समय घटाते जायें। दो घण्टे के समय को एक घण्टे तक घटायें। जब आप ऐसा कर लेते हैं, तो समय और सब्जेक्ट दोनों पर आपकी पकड़ अच्छी हो जाती है।
- गणित के पेपर को सही तरीक़े से हल करने के लिए पहाड़ा (टेबल), वर्ग, भाग आदि को अच्छी तरह से याद कर लें। 1 से लेकर 20 तक के टेबल, वर्गमूल, घनफल आदि को याद कर लेने से ज़्यादा विकल्पों वाले प्रश्नों को मौखिक ही हल किया जा सकता है।
- सवाल को हल करने की ही नहीं, पढ़ने की गति को बढ़ाने की भी ज़रूरत होती है। यदि आप प्रश्नपत्र को पढ़ने में ही आधा घण्टा लगा देंगे, तो उसे हल करने का समय कम हो जायेगा।
- प्रश्नपत्र पर एक नज़र डालें। जो शुरू में आसान लगता है, उसे तुरन्त हल कर लें और आगे बढ़ते जायें। यदि आप पूरा पर्चा पढ़ने के इच्छुक हैं, तो जिस प्रश्न के फामूर्ला याद आते जा रहे हैं, उन्हें उत्तरपुस्तिका के रफ साइड में पेंसिल से प्रश्न के नम्बर के साथ नोट कर लें। इससे आप पूरा प्रश्नपत्र पढ़ने के बाद प्रश्नों के फामूर्ला भूलेंगे नहीं।
- जो सवाल आसान होते हैं, उन्हें हल करने में कम–से–कम समय लें। बचे समय को कठिन प्रश्नों को हल करने में लगायें।
- मुश्किल सवाल हल करने के लिए उत्तरपुस्तिका के रफ़ साइड पर ही सभी प्रश्नों को फामूर्ला लगाकर हल कर लें। जिस फामूर्ला में उत्तर आ जायें, उसे फेयर साइड में उतार लें।

मेरिट में आने के लिए क्या करें?

जीवन की विडम्बना यह नहीं है कि आप अपने लक्ष्य तक नहीं पहुँचे, बल्कि यह है कि पहुँचने के लिए आपके पास कोई लक्ष्य ही नहीं था

—बेंजामिन मेस

प्रिय पाठकों! यदि आपको परीक्षा में प्रथम आना है या मेरिट में स्थान पाना है, तो आपको निम्नलिखित बातों पर अमल करना पड़ेगा। मुझे यक़ीन है कि आप निम्नलिखित बातों को अपने अमल में ले आयेंगे, तो फिर असफलता आपके क़रीब भी नहीं फटक सकती।

श्रेष्ठ लक्ष्य तय करना

सबसे पहले आपको अपना लक्ष्य निर्धारित करना है। इसी के तहत आपको अपने दैनिक क्रिया–कलापों को गतिशील बनाना है। इस समय आपका प्रमुख लक्ष्य अपनी परीक्षा अथवा प्रतियोगिता में सफलता प्राप्त करना ही है तथा आपको इसी लक्ष्य की प्राप्ति के लिए प्रयासरत होना चाहिए।

स्मरण-शक्ति पर पूर्ण विश्वास

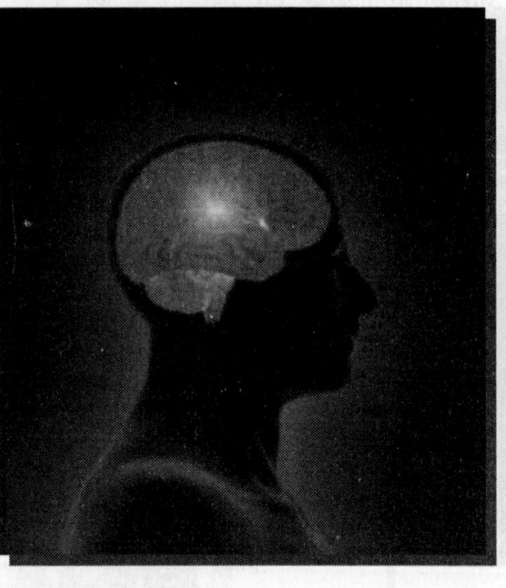

आपकी सफलता–प्राप्ति में स्मरण–शक्ति की अहम भूमिका होती है। आपकी स्मृति जिन तत्त्वों पर आधारित है, वे हैं–आपका स्वयं की स्मरण–शक्ति में विश्वास, अध्ययन से सम्बन्धित विषयों में रुचि तथा एकाग्रता। इनके द्वारा आप किसी भी क्षेत्र में कामयाबी पा सकते हैं।

अच्छे अंक कैसे प्राप्त करें?

आजकल प्रत्येक विद्यार्थी इसी उधेड़बुन में लगा रहता है कि परीक्षा में अधिक से अधिक अंक कैसे प्राप्त किये जायें। उसकी बराबर यही चिन्ता बनी रहती है कि किस तरह वह अपने परीक्षा–परिणामों को बेहतर बनाये। ये दुविधाएँ स्वाभाविक भी हैं, परन्तु जब यह चिन्ताएँ दिमाग़ में घर (प्रवेश) कर जाती हैं, तो मस्तिष्क की कार्यकुशलता में बाधा उत्पन्न करती हैं।

आप कितना अध्ययन करते हैं? अपने अध्ययन में कितना समय व्यतीत करते हैं? कितनी मेहनत करते हैं? इन सब बातों का परिचय अपने मित्रों, अध्यापकों से अवश्य करायें। शिक्षकों से साफ़–साफ़ बात करने में, प्रश्न पूछने में तथा प्रश्नों के उत्तर बताने में कतई संकोच नहीं करना चाहिए।

हो सकता है कि वे आपके प्रयासों में और अमूल्य योगदान और अधिक देने को तत्पर हो जायें। प्रत्येक अध्यापक अपने छात्रों का हर तरीक़े से भला चाहता है। उसकी हमेशा यही आकांक्षा रहती है कि वह अपने ज्ञान का समस्त भण्डार अपने विद्यार्थियों पर अर्पण कर दे। वह हमेशा आपका हित चाहता है। वह यह भी चाहता कि उससे पढ़ने वाला हर विद्यार्थी उसका तथा स्कूल का नाम रोशन करे। इसलिए अपने सफलतादायक प्रयासों से अपने अध्यापकों को अवश्य अवगत कराइए। उनसे किसी भी विषय पर विचार–विमर्श करने में अथवा सलाह देने–लेने में संकोच नहीं करना चाहिए।

हमेशा नया सीखने की आदत डालें

हेनरी फोर्ड का कहना था कि जिस व्यक्ति ने नया सीखना बन्द कर दिया, समझो वह बूढ़ा हो गया। चाहे वह 25 साल का जवान ही क्यों न हो। जिस व्यक्ति में हमेशा नया सीखने की उत्सुकता रहती है, वही युवा बना रहता है। हर समय नया सीखते रहने

की प्रवृत्ति आपके मानसिक विकास के लिए बहुत लाभदायक है, क्योंकि अपने क्षेत्र में जिसकी जितनी नयी जानकारी होगी, वह उस क्षेत्र में उतना ही अधिक सफल होगा और उतना ही प्रभावशाली होगा। अतः हर क्षेत्र में नयी–नयी बातें सीखने से ही आपका जीवन सफल होगा। जो छात्र यह सोचता है कि उसे सब जानकारी है, वह अहंकार के कारण उचित परिश्रम नहीं करता और मेरिट में आने में सफल नहीं हो पाता।

एक बात आप हमेशा याद रखिए कि संसार में होने वाली नित नयी प्रगति के ज्ञान के साथ जो नहीं चलता, वह हर क्षेत्र में पिछड़ जाता है। क्योंकि किसी भी काम को सुचारू रूप से सम्पन्न करने के लिए उपयुक्त शक्ति की आवश्यकता होती है। यह शक्ति आती है ज्ञान से और ज्ञान आता है–सतत् अध्ययन से।

मनोबल ऊँचा रखें

अगर आपका मनोबल ऊँचा है, तो आपके सारे कार्य सफलतापूर्वक सम्पन्न होंगे। जीवन–संघर्ष में हर व्यक्ति को अनेक कठिनाइयों और समस्याओं का सामना करना पड़ता है। लेकिन मनोबल ऊँचा रख कर इन कठिनाइयों और समस्याओं पर विजय प्राप्त की जा सकती है। आपने देखा होगा कि कई निर्धन और साधनहीन छात्र भी अपने परिश्रम से मेरिट में स्थान पा लेते हैं, जबकि कई साधन–सम्पन्न छात्र परिश्रम और मनोबल के अभाव में परीक्षा में असफल हो जाते हैं। इसका एकमात्र कारण है–मनोबल का अभाव।

हीनभावना को पास न फटकने दें

हीनभावना आदमी को कभी भी ऊँचा नहीं उठने देती। वह उन्हें दब्बू और भीरु बनाती है। अगर आप अपने जीवन में सफल होना चाहते हैं, तो आपको हीनभावना को कभी भी अपने पास फटकने नहीं देना चाहिए। यानी कि आपको जैसे ही किसी चीज़ को लेकर हीनभावना आती है, आपको फ़ौरन उस चीज़ को अपने दिलो–दिमाग़ से बाहर निकाल देना है और यदि आपमें सच में कोई कमी है, तो उस कमी को आपको

अपने मस्तिष्क के विश्वास से अपने ज़ेहन में हमेशा–हमेशा के लिए बाहर खदेड़ देना है। एक बार आप अपनी हीनभावना से छुटकारा पा लेंगे और खुद को अपने क्षेत्र में विशेष बना लेंगे, तो फिर सफलता आपके क़दमों को चूमे बिना नहीं रहेगी।

कभी संकोच न करें

चाणक्य–नीति में कहा गया है कि धन और अन्न के उचित प्रयोग में, विद्या–अध्ययन करने में, भोजन के समय और अन्य सामान्य व्यवहार में जो पुरुष संकोच करेगा, वह कभी सुखी नहीं रहेगा। आपने अपने आसपास के कई लोगों को भी देखा होगा कि वे हर मामले में संकोच करते हैं। अगर यही संकोच की भावना किसी विद्यार्थी में है, तो उसे अपने जीवन में सफल होने के लिए कड़ी मेहनत करनी पड़ती है, क्योंकि संकोच की भावना आत्मविश्वास की भावना को दीमक की तरह चाट लेती है। परिणाम यह होता कि कायरता से ऐसे विद्यार्थियों की मौलिकता एवं गुणों की क्षमता दबकर रह जाती है।

अनेक बुराइयों की तरह ही संकोच या शर्म करना आपकी कल्पना की ही उपज होती है। इसे दूर करने के लिए सभाओं में जायें, सामाजिक कार्यों में जाकर लोगों से मिलें–जुलें। प्रतियोगिताओं में भाग लें, ज़िम्मेदारी का काम हाथ में लें, अन्य लोग–बाग आपके बारे में क्या सोचते हैं, इसकी परवाह न करते हुए अपनी हीन भावना को दृढ़ इच्छाशक्ति और कठोर परिश्रम से दूर करें।

नम्रता सबसे बड़ा गुण

दुनिया में जितने भी महान व लोकप्रिय व्यक्ति हुए हैं या हैं, उनके जीवन की जानकारी प्राप्त करें, तो पता चलेगा कि उनके चरित्र में अन्य गुणों के साथ–साथ नम्रता का गुण प्रधान रहा है। वास्तव में, नम्रता का गुण अपने भीतर कोमलता, धैर्य, उदारता और कृतज्ञता के भावों को सहेज कर रखता है। भौतिकता की अन्धी दौड़ में आदमी ने नम्रता का दामन छोड़कर अहंकार की प्रवृत्ति अपना ली है। अहंकार मनुष्य को नष्ट कर देता है। परम वैभवशाली रावण का नाश भी अहंकार के कारण हुआ था।

जिन छात्रों में नम्रता के गुण नहीं होते, वे विद्या का पूरा सदुपयोग नहीं कर पाते। नम्रता के बारे में मैं आपको एक बात और बता देता हूँ कि नम्रता शक्तिशाली और सामर्थ्यवान

व्यक्ति को ही शोभा देती है। इसलिए आप अपना लक्ष्य सदैव ऊँचा बनने का रखें और व्यवहार में नम्रता लायें।

आशावादी बनें

संसार के सारे कार्य आशाओं पर चलते हैं। यदि आशाएँ न होती, तो संसार नीरस और निश्चेष्ट–सा दिखायी देता। आपकी आशाएँ ही शक्ति का संचार करती हैं। आपकी प्रत्येक उन्नति, जीवन की सफलता तथा जीवन लक्ष्य की प्राप्ति का संचालन आशाओं के द्वारा ही होता है। आशाओं के सहारे ही आप घोर विपत्तियों में दुश्चिन्ताओं को हँसते–हँसते जीत सकते हैं। आशावादी लोगों की हर कठिनाई में भी किसी सुअवसर के दर्शन होते हैं, किन्तु निराशावादी लोगों को हर सुअवसर में भी कठिनाई और बाधा ही दिखायी पड़ती है।

आशावादी का दृष्टिकोण अपनाकर आप चिन्ता, भय और अनेक बुराइयों को निकाल फेंकने में समर्थ हो सकते हैं। आशावादी दृष्टिकोण ही आपको हँसते–हँसते जीवन जीना सिखाता है। दुःखों से घिरे रहने पर भी आशावादी दृष्टिकोण के बल पर आप प्रसन्न रह सकते हैं। आशा ही वह सम्बल है, जिसके आधार पर आप परीक्षा की मेरिट में अपना स्थान सुनिश्चित कर सकते हैं। अतः निराशा छोड़ें और आशावादी दृष्टिकोण अपनायें।

आज का काम कल पर न टालें

अँग्रेज़ी में एक कहावता है–'टुमारो नेवर कम्स'–मतलब यह कि कल कभी नहीं आता। इसके बावजूद अधिकांश छात्रों की पढ़ाई कल के भरोसे चलती है। यह जानते हुए भी कि पढ़ाई टालने की आदत बहुत ख़राब होती है अधिकांश लोग इस ओर ध्यान नहीं देते हैं। असंख्य छात्र जिनमें सफलता के शिखर पर चढ़ जाने की योग्यता थी, जिन्दगी भर असफल रहे। क्योंकि उनमें ठीक काम को ठीक समय पर करने की तत्परता नहीं थी।

बहुत से लोग जिनमें सफल होने की योग्यता थी, कभी सफल न हो सके, क्योंकि उनमें सही कार्य को सही समय पर करने की आदत या तत्परता नहीं थी।

जिस छात्र ने आज का उपयोग उचित रूप से करना सीख लिया, समझो उसने जीवन की बाज़ी जीत ली। हार का मुँह तो उन्हीं छात्रों को देखना पड़ता है, जो आज का कार्य कल पर टालते हैं। जो दृढ़ निश्चयी होते हैं, वे आज का काम कल पर कभी नहीं टालते और अन्त में वे ही मेरिट में स्थान पाकर जीवन में कुछ कर गुज़रते हैं। आपको जो कुछ करना है, अभी करें। छोटे–छोटे कामों को तुरन्त निर्णय लेकर निपटायें। पढ़ाई का काम अधिक होने पर अपनी प्राथमिकता निश्चित कर, एक–एक कर कार्य निपटायें। ज्यों–ज्यों काम निपटता जायेगा, आपका उत्साह बढ़ता जायेगा और मन का बोझ हल्का होता जायेगा।

धैर्य बनाये रखें

कुछ कार्य आसान होते हैं और झट से हो जाते हैं, जबकि बहुत से कार्य सरल न होकर अधिक कठिन और समय–साध्य होते हैं, जिनके पूरा होने में समय लगता ही है। जैसे कि परीक्षा या आपका कोई भी लक्ष्य। मान लीजिए कि आप परीक्षा की मेरिट में आना चाहते हैं, तो इसके लिए आपको परीक्षा होने तक पूरे वर्ष लगातार धैर्य रखकर गहन अध्ययन करना पड़ेगा और परीक्षा के बाद परीक्षा–परिणाम के लिए भी इन्तज़ार करना पड़ेगा। यदि आपने डाक्टरी या इंजीनियरिंग में जाने का निर्णय लिया है, तो पहले उसकी प्राथमिक योग्यताएँ प्राप्त करने के लिए धैर्य आवश्यक है। यदि आपमें धैर्य नहीं है, तो आपकी चंचलता आपको एकाग्र नहीं होने देगी। ऐसी स्थिति में आप अपनी शक्तियों को एक ही कार्य में नहीं लगा पायेंगे और उचित परिश्रम के अभाव में परीक्षा की मेरिट में आने से वंचित रह जायेंगे। अतः जीवन में धैर्य की बहुत ज़रूरत होती है।

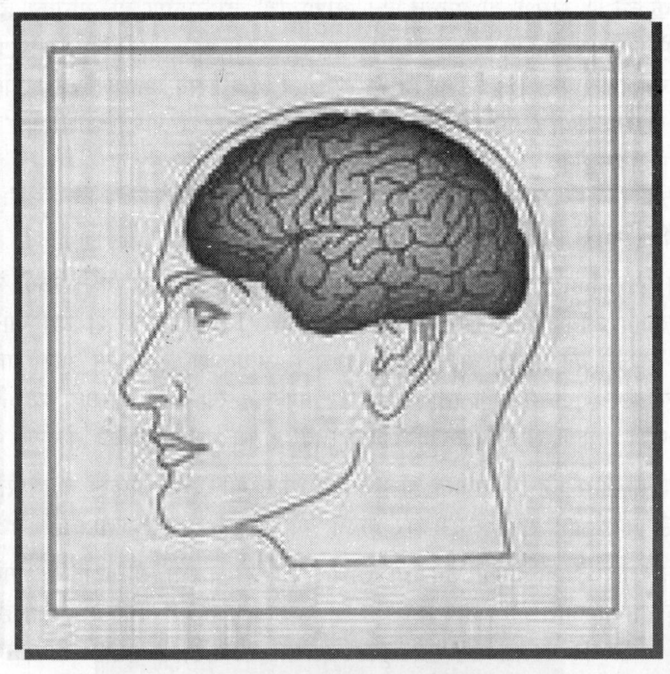

वास्तव में, धैर्य बहुत बड़ा बल है और अधैर्य बहुत बड़ी निर्बलता। धैर्य बना रहे इसके लिए स्थिर बुद्धि होना बहुत ज़रूरी है। धैर्य टूट जाना वैसा ही होता है, जैसे कोई रस्सी के सहारे ऊपर चढ़ रहा हो और बीच में धैर्य रूपी रस्सी टूट जाये। ऊपर तक पहुँचने के लिए धैर्य रूपी रस्सी का न टूटना अनिवार्य है। इसलिए धैर्य की रस्सी को मज़बूत करें।

बुरी आदतों से बचें

बुरी आदतें तन और मन पर बुरा असर डालती हैं, आपको लक्ष्य से हटाती हैं और समाज में आपका सम्मान गिराती हैं, वे ही बुरी आदतें हैं। अपनी उन्नति और सम्मान के लिए बुरी आदतों को तत्काल छोड़ देना चाहिए और उनके स्थान पर अच्छी आदतों को विकसित करना चाहिए।

बहुत से लोग पान, तम्बाकू, गुटका, धूम्रपान, आलस्य तथा लापरवाही जैसी अनेक बुरी आदतों के शिकार हो जाते हैं। परिणाम यह होता है कि वे अपने कार्य पर पूरा ध्यान नहीं दे पाते और परीक्षा की मेरिट में आने से रह जाते हैं। इसलिए अच्छी आदतों को अपने जीवन में अपना कर प्रगति कर सकते हैं। ये अच्छी आदतें हैं–नियमितता, सत्यता, स्थिरता और शीघ्रता। नियमितता के अभाव में समय नष्ट होता है, सत्यता के अभाव में दूसरों की अपेक्षा अधिक हानि उठानी पड़ती है, स्थिरता के न होने से कोई कार्य नियमानुसार पूरा नहीं किया जा सकता है और शीघ्रता को अमल में न लाने से व्यक्ति जीवन में भली प्रकार से उन्नति नहीं कर सकता है।

अपनी भूलों से सबक लें

संसार में ऐसा व्यक्ति खोजना मुश्किल है, जिससे जीवन में भूल न हुई हो। अपनी भूलों को हम आसानी से स्वीकार नहीं करते, जबकि हमारी भूलें सद्‌गुणों के सीखने का अभिन्न अंग हैं। ये हमारे लिए सफलता की सीढ़ी हैं। भूल करना कोई अपराध नहीं है, जब तक कि आप उसमें सुधार करने का प्रयत्न करते रहते हैं। आपकी भूलें यही दर्शाती हैं कि आपको सफलता पाने के लिए और कितना परिश्रम करना शेष है। अपनी भूल मान लेने से यह फ़ायदा होता कि हम वैसी भूल दोबारा नहीं करते और इस प्रकार अपने सुधार का अनुभव होता है। इसलिए जो छात्र अपनी भूलों से शिक्षा लेकर अपनी कमियों को सुधार लेते हैं, वे अवश्य ही मेरिट में स्थान पाते हैं।

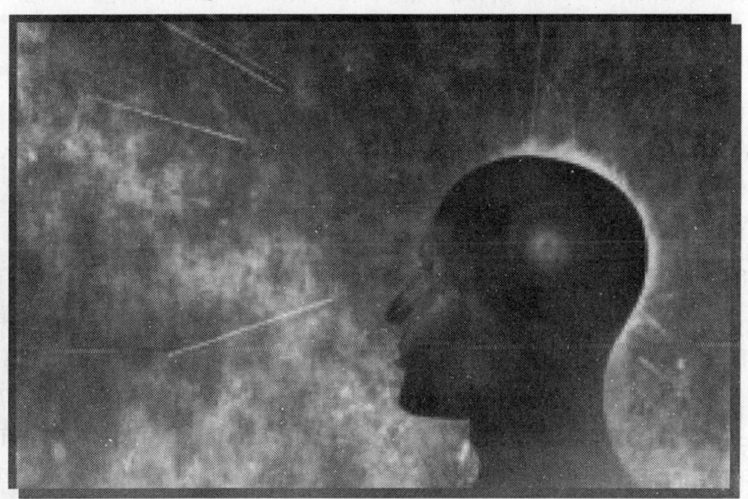

जिज्ञासा का भाव रखें

जिज्ञासा के बिना ज्ञान प्राप्त नहीं होता। 'जिज्ञासा' का मतलब है। 'जानने की इच्छा'। विद्यार्थी में नयी वस्तु और नये विषय के प्रति उत्कण्ठा एवं जिज्ञासा होनी चाहिए, तभी वह ज्ञान प्राप्त कर सकता है। अपनी पाठ्य पुस्तकों के प्रति जिज्ञासा का भाव रखना बुद्धि का विकास करने में सहायक होता है। जिज्ञासा तीव्र बुद्धि का स्थायी और निश्चित गुण है।

जिज्ञासा से एकाग्रता बढ़ती है और पढ़ी हुई सामग्री शीघ्र याद हो जाती है। जहाँ जिज्ञासा रखने वाले छात्र अध्यापक से बार–बार विषय के सम्बन्ध में प्रश्न पूछकर जानकारी बढ़ाते हैं और अपनी शंकाओं का समाधान प्राप्त करते हैं, वहीं जिन छात्रों में यह प्रवृत्ति नहीं होती, ऐसे छात्र कक्षा में दूसरों का मुँह ताकते हुए मूर्ख बने बैठे रहते हैं। अतः यदि आप मेरिट में आना चाहते हैं, तो जिज्ञासु बनें, अपने ज्ञान का विस्तार करें, तभी आपमें आत्मविश्वास पैदा होगा।

आत्म–प्रेरणा से सफलता पायें

मनोवैज्ञानिकों का मानना है कि आत्म–प्रेरणा (ऑटो सजेशन) से इच्छित लक्ष्य प्राप्त किया जा सकता है और अपने व्यक्तित्व के दोषों को भी दूर किया जा सकता है। आत्म–प्रेरणा में बड़ी शक्ति होती है। बस, ज़रूरत यह है कि इसे दृढ़ निश्चय, आम्मविश्वास, कल्पना, अभिलाषा और आशा से जाग्रत किया जाये।

असफलता से घबराएँ नहीं

कई विद्यार्थी प्रति वर्ष परीक्षा में असफल होने पर बुरी तरह निराश हो जाते हैं। प्रत्येक असफल परीक्षार्थी को यह सोचना चाहिए कि परीक्षा में असफल होना कोई अपराध नहीं है, कोई अनहोनी घटना नही है, ऐसी कोई बात नहीं, जिसके कारण अत्यन्त दुःखी होकर निराश हो जायें और कोई ग़लत क़दम उठायें। परीक्षा में असफलता मिलना एक प्रकार की चेतावनी है। विद्यार्थी को परीक्षा की तैयारी के लिए जितनी मेहनत की ज़रूरत थी, उतनी नहीं की गयी।

प्रतिभा के धनी बनें

आपका मस्तिष्क अद्‌भुत प्रतिभा का ख़ज़ाना है, लेकिन अधिकांश को इस ख़ज़ाने का ज्ञान नहीं है और न ही उन्होंने इस ख़ज़ाने को कभी प्राप्त करने का प्रयत्न किया है। आपके प्रयासों की प्रतीक्षा करते–करते आपकी प्रतिभा पूरी उम्र यों ही समय गुज़ार देती है और थोड़ा बहुत सदुपयोग किया भी गया, तो अधिकांश अंश अनुपयोगी ही छूट जाता है। यदि आप अपनी प्रतिभा का उपयोग कर लें, तो आपके जीवन में आश्चर्यजनक परिवर्तन आ सकता है। जो विद्यार्थी अपनी प्रतिभा का सदुपयोग पूरे

परिश्रम के साथ, अपने लक्ष्य–प्राप्ति करने के लिए लगा देते हैं, उन्हें इच्छित लक्ष्य अवश्य ही प्राप्त होता है।

याद रखें, विश्व में जितने भी महान् विजेता, महान् कलाकार, महान् साहित्यकार, महान् शासक हुए हैं, उन सबकी उपलब्धि के पीछे एक ही रहस्य था, अथक परिश्रम, कुछ कर दिखाने की प्रबल आकांक्षा, अटूट लगन। इसमें परिश्रम का ही हाथ अधिक था। प्रतिभा का कम। यदि घोर परिश्रम रूपी जल से प्रतिभा को सिंचित नहीं किया गया होता, तो एक असिंचित पौधे की तरह ही वह मुरझा जाती, भुला दी जाती। अतः चुनौतियों से घबराएँ नहीं। उनका स्वागत करते हुए, उन्हें ललकारते हुए, उनसे लोहा लेते हुए लगन, परिश्रम और अध्ययन में जुट जायें। परिश्रम आपको अवश्य ही मेरिट में स्थान दिलायेगा।

तीसवाँ दिन

अपनी स्मरण–शक्ति फिर से परखिए

अगर तुम एक समय में बहुत–सा काम करना चाहोगे तो तुम किसी भी काम में पूर्ण सफलता प्राप्त नहीं कर सकोगे।

—जान्स नारमेंट

उत्साह, सामर्थ्य और मन में हिम्मत न हारना—ये कार्य की सिद्धि कराने वाले गुण कहे गये हैं।

—वाल्मीकि रामायण

विद्यार्थियों! इस कोर्स को पूरा करने के बाद आपकी स्मरण–शक्ति कितनी बढ़ी है? यह जानने के लिए हम आपकी स्मरण–शक्ति का एक छोटा–सा परीक्षण करते हैं, जो इस बात की पुष्टि करेगा कि आज आपकी मेमोरी पॉवर कितनी विकसित है?

तो इसी बात पर आप निम्नलिखित शब्दों को एक क्रम में 5 मिनट में याद करें–

परीक्षण 1. अंक 20

Venue	Vegetable	Vice chancellor
Weaker Sex	White livered	Wind bag
Thick headed	Thin skinned	Tin horn
Stag party	Starry eyed	Stiff necked
Red haired person	Right as rain	Regular molly
Pro□cient	Propaganda	Protectorate
Curriculam vitae	Cut and dried	Cyanide
Agoraphobia	Aquarian	Autonomous
Deport	Discretion	Distributive
Gruesome	Gullible	Gynaecologist
Melancholia	Medulla	Millennium
Quack	Quantum	Quintessence
Of□cious	Oil cloth	Ordonnance
Bioscope	Bizarre	Boast
Interim	Interlock	Italian

निम्नलिखित तिथियों को आप 2 मिनट में याद करें–

परीक्षण–2 अंक–10

1. अकबर का जन्म : 1542
2. अकबर का शासनकाल : 1556–1605
3. सिंहासन पर विराजमान हुआ : 1556
4. मालवा पर विजय–पताका फहरायी : 1561
5. तीर्थ–कर समाप्त किया : 1563
6. जजिया–कर समाप्त किया : 1564
7. चितौड़ पर विजय–पताका फहरायी : 1568
8. फतेहपुर सीकरी का निर्माण कराया : 1572
9. हल्टी–घाटी का युद्ध लड़ा : 1576
10. दीन–ए–इलाही की शुरुआत की : 1582

निम्नलिखित नामों और अंकों को 2 मिनट में याद करें–

परीक्षण–3 अंक–10

1. ड्राइविंग लाइसेंस नम्बर : P04021999118305
2. इंश्योरेंस कार्ड नम्बर : NIC-IHI-300912-641824
3. बाइक की रजिस्ट्रेशन तिथि : 24@06@2005
4. बाइक का नम्बर : DL 3S AQ 6482
5. मोबाइल नं. : 09313665183

निम्नलिखित पंक्तियों को 1 मिनट में याद करें–

परीक्षण–4 अंक–10

घृणा करनेवाला उस समय यह नहीं जानता कि वह अपने ही विचारों को दूषित कर रहा है और अपने ही शरीर के अन्दर विष घोल रहा है। घृणा करने वाला अपने ही मन को विचलित करता है। इसलिए आपको किसी से घृणा हो गयी हो, तो अपने लिए ही आप घृणा की भावना छोड़ दीजिए। कम से कम दूसरे व्यक्ति में कुछ गुण ढूँढ़ने की कोशिश कीजिए। कम–से–कम इतना तो अवश्य याद रखिए कि वह व्यक्ति भी अपने परिवार और अपनी परिस्थितियों की उपज है, जो उसे विरासत में मिली है।

निम्नलिखित व्यक्तियों के नाम एवं उनकी जन्म–तिथियों को 2 मिनट में याद करें–

परीक्षण–5 अंक–10

1. वन्दना वोहरा 21 फरवरी 1973
2. दीप्ति नागपाल 21 अगस्त 1983
3. अरविन्द आनन्द 11 अक्टूबर 1970
4. शालिनी जौली 30 दिसम्बर 1970
5. संगीता सिंह 7 जनवरी 1970

6. डा. रजनी चौधरी 18 अक्टूबर 1970

यह प्रश्न–पत्र 50 नम्बरों का है।

अब आप उपर्युक्त प्रश्नों के उत्तर दीजिए और स्वयं जाँच कीजिए कि आपकी मेमोरी पॉवर कितनी विकसित है? बतायी गयी स्मरण–शक्ति विकसित करने की तकनीकों का पूर्ण रूप से पालन करना चाहिए।

- यदि आपने 50 में से 40 अंक प्राप्त किये हैं, तो आपकी स्मरण–शक्ति विलक्षण है।
- यदि आपने 25 अंक प्राप्त किये हैं, तो आपकी स्मरण–शक्ति औसत है।
- यदि आपने 20 से कम अंक प्राप्त किये हैं, तो आपको इस पुस्तक का विशेष रूप से अध्ययन तथा अभ्यास करने पड़ेंगे, तभी आप अपनी स्मरण–शक्ति बढ़ा पाने में सफल हो पायेंगे।

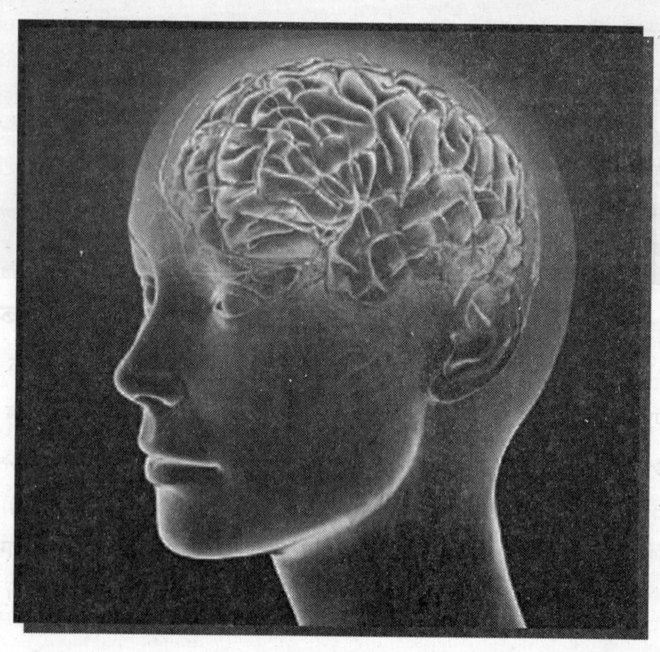

***

....और अन्त में

प्रिय पाठकों! आज आपको न तो कुछ पढ़ना है और न ही कुछ जानना है। आज आपको केवल समझना ही समझना है। सबसे पहले आप यह समझिए कि जब हम यह कहते हैं कि यह चीज़ हमें याद नहीं रही, तो मतलब यह होता है कि हमने उस चीज़ के बारे में ठीक तरह से सीखा नहीं था।

याद रखिए, हम जो भी कुछ सीखते हैं, उसका 70 प्रतिशत तो कुछ घण्टों में ही भूल जाते हैं, क्योंकि हम उस चीज़ को सीखने के तुरन्त बाद दूसरी चीज़ें सीखने में जुट जाते हैं, जिससे स्मृति बदलती जाती है, और कभी–कभी तो हम अपने मस्तिष्क में इतनी अधिक चीज़ें भर लेते हैं कि समझ में ही नहीं आता कि हमने क्या–क्या सीखा था।

आपको कोई भी बात याद रखनी हो, तो सबसे पहले उसे ध्यान से देखिए–समझिए और फिर अपने आप से कहिए कि यदि मैं इस बात पर ध्यान केन्द्रित करूँगा, तो बाद में यह मुझे याद आयेगी। और वह बात आपको बाद में ज़रूर याद आयेगी।

अभ्यास करना और दोहराना कुछ भी सीखने और याद करने के लिए बेहद ज़रूरी है। ज्ञानियों ने कहा है–**''करत करत अभ्यास से जड़मति होत सुजान; रसरी आवत जात ते सिल पर परत निसान।''** आप अपनी मेमोरी में जो भी चीज़ फिक्स करना चाहते हैं, उसे सीखने के बाद उसे दोहराइए, उस पर पुनः विचार कीजिए, उसकी व्याख्या कीजिए तथा उसकी चर्चा कीजिए।

मनोवैज्ञानिकों ने अपनी खोजों द्वारा यह पाया है कि एक ही बात को चार घण्टे पढ़ने से वह लाभ नहीं होता, जो उसे एक घण्टा पढ़कर बाक़ी के तीन घण्टे उस पर चर्चा करने से होता है। एक वैज्ञानिक जिसका नाम चार्ल्स कैटरिंग था, दुर्भाग्यवश अपनी दृष्टि खो बैठा। उसने अपना ज्ञान और विज्ञान दोनों सीखने और समझने के लिए दूसरों को कहा कि वे पढ़कर उसे सुनायें। उसने सुन–सुन कर उन बातों को अपने विचारों में चिन्तन और मनन से अपनाकर सबको कमाल करके दिखाया। ऐसा ही विश्वविख्यात थॉमस एडीसन था, जिसको स्कूल में पढ़ने के लिए जीवन में तीन

महीने का ही समय मिला था। परन्तु उस महान् व्यक्ति ने हर बात में उसका स्वरूप ढूँढ़ा और ऐसे–ऐसे आविष्कार किये कि लोग चमत्कृत रह गये।

जिन लोगों को अपनी स्मृति प्रशस्त करनी हो, उन्हें चाहिए कि वे बात लिख लिया करें। यदि कुछ बात याद करने लायक़ है, तो वह लिखने लायक़ भी होगी। यह मत समझिए कि लिखना केवल छात्रों के लिए ही है। जब आप कुछ लिखते हैं, तो आप अपनी याददाश्त को पक्का करते हैं।

शरीर–विज्ञान के जानकारों का कहना है कि मानव–मस्तिष्क में पाँच अरब तहें होती हैं। इनमें से केवल पाँच लाख काम में आती हैं। बाक़ी बेकार पड़ी रहती हैं। यदि यह बात सच है, तो निःसन्देह मनुष्य इतने विचार और स्मरण–शक्ति का मालिक है, जिसका अन्दाज़ा लगाना बेहद मुश्किल है। आज तक किसी भी व्यक्ति ने इन सबका प्रयोग नहीं किया। एडीसन जैसा महान् वैज्ञानिक भी अपने दिमाग़ का केवल तीन–चौथाई भाग ही काम में ला पाया था। विश्व के महानतम वैज्ञानिक अलबर्ट आइंस्टीन भी अपनी मानसिक क्षमता का मात्र 33 प्रतिशत उपयोग कर सके थे। संक्षेप में यह कहा जा सकता है कि मनुष्य अब तक अपनी मानसिक–शक्ति से पूरे तौर पर वाक़िफ़ नहीं हुआ है।

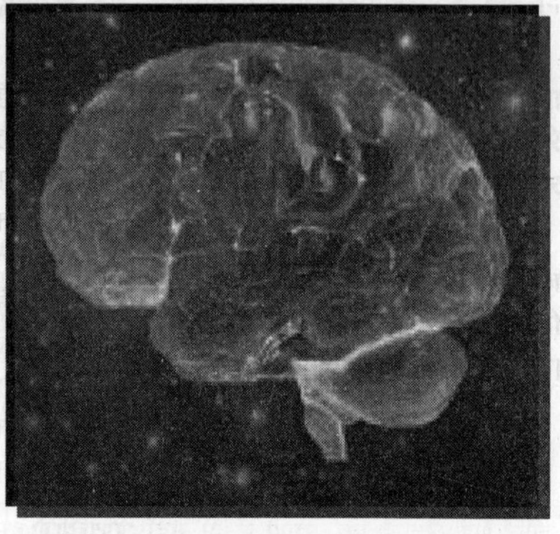

हालाँकि कुदरत ने इनसानी दिमाग़ को बड़ी फुरसत में बनाया है, फिर भी यह मानना पड़ेगा कि हममें से अनेक लोग दिमाग़ी तौर पर कमज़ोर हैं। हमें ऐसा व्यक्ति मुश्किल से ही दिखायी देखा, जिसे अपनी याददाश्त से शिकायत न हो। आजकल लोगों ने इसे एक बीमारी मान लिया है, इसलिए वे हक़ीमों और डाक्टरों के पीछे मारे–मारे फिरते हैं, किन्तु उनके भूलने की बीमारी दूर नहीं होती, बल्कि और बढ़ जाती है।

वैसे मनोवैज्ञानिकों का कहना है कि याददाश्त कोई ऐसी ताक़त नही है, जिसे बढ़ाया न जा सके। अगर हम अपने दिमाग़ का तरीक़े से इस्तेमाल करें, तो हम अपनी याददाश्त को चौगुना बढ़ा सकते हैं। उनका यह भी कहना है कि प्रत्येक व्यक्ति की स्मृति में कोई–न–कोई विशेषता ज़रूर होती है। जिस व्यक्ति को कविता से लगाव है, वह पद्य याद कर सकता है। अन्य कोई भी चीज़ उसकी स्मृति पर इतना गहरा प्रभाव नहीं छोड़ सकती।

जिस चीज़ से आदमी का लगाव या प्रेम होगा, वह उसे बहुत जल्द याद होगी और काफ़ी दिनों तक उसे याद रहेगी। जिन चीज़ों में इनसान की रुचि नहीं होती, फिर उसे याद करना उसके लिए और मुश्किल हो जाता है। जब मैं पढ़ता था, तब मुझे

हिन्दी भाषा से बड़ा प्रेम था और गणित से बड़ी एलर्जी थी। मुझे हिन्दी के कई मुहावरें और लोकोक्तियाँ, उनकी व्याख्या, कठिन शब्द और गम्भीर से गम्भीर पद्य अर्थ–सहित बिना कठिनाई के याद हो जाते थे, जबकि गणित के छोटे–छोटे फ़ामूर्ले मुझे बेहद कोशिशों के बावजूद भी याद नहीं हो पाते थे।

वास्तव में, दिमाग़ की ताक़त ग़ौर से देखने की है। बहुत कम लोग इस ताक़त के बारे में जानते होंगे। एक व्यक्ति के घर में वर्षों तक एक गाय बँधी रहती है। गाय का एक सींग छोटा और एक बड़ा है। लेकिन वह यह नहीं बता सकता कि दायाँ सींग छोटा है या बायाँ। एक व्यक्ति वर्षों तक एक दफ़्तर में कार्य करता है, लेकिन यदि उससे पूछा जाये कि उसके कमरे में कितने रोशनदान हैं, तो उसे उत्तर देने से पहले कई बार सोचना पड़ेगा।

बहुत से लोग इसे दिमाग़ की कमज़ोरी समझते हैं, जबकि हक़ीक़त में ऐसा नहीं है। असल में यही अध्ययन या एकाग्रता की कमज़ोरी है। असल में, देखा जाये, तो वे ही लोग ज़्यादा भूलते हैं, जो किसी चीज़ को याद रखने में अपने मस्तिष्क को एकाग्र नहीं रख पाते। नब्बे प्रतिशत से भी अधिक लोग ऐसे हैं, जो कोई भी काम करते हैं, तो उनका ध्यान कहीं और होता है। अब आप श्रीमान 'अ' को ही लीजिए। ये माचिस की डिबिया अपनी किचन में ढूँढ़ रहे हैं, जबकि कुछ देर पहले इन्होंने माचिस की डिबिया अपने बिस्तर के तकिए के नीचे रखी थी। उस वक़्त इनका ध्यान खिड़की से बाहर आकाश पर छाई हुई घटाओं को देखने का आनन्द ले रहा था। इसलिए यह बात बिना किसी विवाद के कही जा सकती है कि ग़ौर से देखना याददाश्त का महत्त्वपूर्ण अंग है।

देखा गया है कि कुछ विद्यार्थी दिन–रात पढ़ते हैं और कुछ विद्यार्थी परीक्षा आने पर ही पढ़ते हैं, और फिर भी उन विद्यार्थियों से अच्छे नम्बर प्राप्त कर लेते हैं, जो रात–दिन पढ़ते हैं। इसका एकमात्र कारण यही है कि अच्छे अंक प्राप्त करने वाले छात्र अपने अध्यापक की बातें एकाग्रचित्त होकर सुनते हैं और उनके चित्र अपने मस्तिष्क में गहराई तक अंकित करते हैं, जबकि दिन–रात पढ़ाई करने वाले छात्रों का ध्यान कहीं और होता है।

वास्तव में, एकाग्रता ही वह चाबी है, जो स्मृति के बन्द कपाट खोलती है। यदि आप अपने अफ़सरों, मातहतों, साथियों, और ग्राहकों की हर बात ध्यान से सुनेंगे, घर, दफ़्तर और व्यापार के सारे कार्य पूर ध्यान से करेंगे, तो आपकी स्मरण–शक्ति को चौगुनी होने से कोई नहीं रोक सकता। इसके अलावा विचारशीलता भी स्मृति की सच्ची सहायक है। किसी

काम में सोच–समझकर हाथ डालना, काम के दौरान सोच–विचार से काम लेना और काम समाप्त करने के बाद उसके परिणामों को मन की दृष्टि से देखना आपकी स्मृति को न केवल बलवान् करेगी, अपितु आपकी मानसिक योग्ताओं को भी बढ़ायेगी।

अच्छी स्मृति पाने के लिए पुनरावृत्ति और बातचीत की आवश्यकता से इनकार नहीं किया जा सकता। गणित के फ़ामूर्ले, कविता, नुस्ख़े और नाटक के पार्ट बार–बार रटने से ही याद होंगे, परन्तु किसी वस्तु को तोते की तरह रटना भी व्यर्थ है। उसके अर्थ की ओर भी ध्यान रखना चाहिए। मन–ही–मन रटने के बजाय ऊँचे स्वर में रटना अच्छा है।

जो लोग सच में अपनी स्मरण–शक्ति चौगुनी करना चाहते हैं, उन्हें अपना जीवन नियमित और व्यवस्थित ढंग से गुज़ारना चाहिए। यहाँ कहने का तात्पर्य है कि उन्हें अपने घर–दफ़्तर की हर चीज़ करीने से रखनी चाहिए। अगर आप तौलिए को अलमारी में रखेंगे और अलमारी के कपड़े स्टोर रूम में रखेंगे, तो आपकी याददाश्त शर्तिया आपका साथ छोड़ने में एक पल भी नहीं गँवायेगी।

अच्छी स्मृति के लिए आपका चिन्तामुक्त रहना बेहद ज़रूरी है। अतीत के जानवर को जब बहुत पहले ही दफना चुके हैं, फिर गड़े मुर्दे उखाड़ने से क्या फ़ायदा। अतीत की दुःखदायी बातों को याद करके आप अपने–आपको परेशान ही करेंगे, इसके अलावा आपको कुछ हासिल नहीं होने वाला। इसी के साथ आप एक बात यह भी याद रखिए कि भविष्य की चिन्ता भूतकाल के पछतावे से भी बुरी है। किसी ने ठीक कहा है–'भयंकरतम आपत्तियाँ वही हैं, जो कभी नहीं आती।' कल्पित आपत्तियों को क्यों मस्तिष्क पर अधिकार करने दिया जाये?

अन्त में, इन छोटे–मोटे नियमों के पालन से हम अपनी स्मरण–शक्ति को न केवल सुधार कर सकते हैं, बल्कि उसे अकल्पनीय रूप से विकसित भी कर सकते हैं। यह बात सौ फ़ीसदी सच है कि जिन लोगों ने अपने जीवन में अच्छे–अच्छे काम करके नाम कमाये हैं, वे अपनी याददाश्त को तेज़ रखने के लिए निरन्तर अभ्यास किया करते थे। यदि हम उनके जैसा बनना चाहते हैं या उनके पद–चिह्नों पर चलना चाहते हैं, तो हमें भी अपने दिमाग़ की ताक़त को बढ़ाना होगा और यह काम ग़ौर से देखने और हर रोज़ अभ्यास करने से ही हो सकता है।

***

हां, तुम एक विजेता हो!

लेखक: आर. एस. चोयल, टाइप: पेपरबैक

भाषा: हिन्दी, पृष्ठ: 160

यह कृति व्यक्तित्व विकास कार्यशाला पर आधारित है, जिसमें युवाओं को यह संदेश पहुँचाने का प्रयास किया गया है कि हां, तुम एक विजेता हो और तुम्हारे भीतर विजेता होने के समस्त गुण विद्यमान हैं। आवश्यकता है, केवल उन्हें पहचान कर अमल में लाने की। इसमें जीवन के लक्ष्यों, आत्मविश्वास, परिवर्तन, सही प्रकृति व समय के चमत्कार पर अत्यधिक बल दिया गया है। इसके अतिरिक्त सफलता व असफलता की सिद्ध रीतियों को भी स्पष्ट कर दिया है। कार्यशाला के प्रमुख भागों में से एक इसकी कार्य योजना है, जिसमें महत्वाकांक्षा का चुनाव प्राथमिकता के आधार पर निर्धारित करना एवं समय का प्रबन्धान (Time Management) आदि है।

जीवन में सफल होने के उपाय

लेखक: सुरेन्द्रनाथ सक्सेना, टाइप: पेपरबैक

भाषा: हिन्दी, पृष्ठ: 143

यदि आप अपने दुर्भाग्य को सौभाग्य में, भय और पीड़ा को प्रेरणा में, बाधाओं को बलों में, असफलताओं को सफलताओं में बदलने के लिए बेचैन हैं तो यह पुस्तक आपके लिए एक प्रेरणापूर्ण प्रकाश स्तम्भ सिद्ध होगी। यह आपकी सोई हुई शुभ शक्तियों को जगा कर आपको स्वास्थ्य, सुख-सफलता प्रदान करेगी।

इस अनुपम पुस्तक में सभी प्रकार के तनावों, भयों और समस्याओं को दूर करने की कुंजी छिपी है। संसार में लाखों लोगों का भाग्य बदल देने वाली यह कृति है, यह विश्व प्रसिद्ध लेखक स्वेट मार्डेन की सर्वाधिक चर्चित पुस्तक।

सफल वक्ता एवं वाक्-प्रवीण कैसे बनें

लेखकः सुरेन्द्र डोगरा, टाइपः पेपरबैक

भाषाः हिन्दी, पृष्ठः 130

आज की समूची व्यवस्था अर्थ प्रधान हो गई है। इसीलिए व्यक्ति के गुण और व्यवहार भी उसी दृष्टि से जांचे-परखे जाते हैं। वाक्-कला में भी अब प्रोफेशनलिज़्म को महत्त्व दिया जाने लगा है। प्रतिदिन के सामाजिक संबंधों के अतिरिक्त बिजनेस मैनेजमेंट, प्रशासन, उद्योग-व्यापार, मार्केटिंग प्रोफेशन, राजनीति, जन-संपर्क, सत्र-समारोह, सेमिनार, संगोष्ठी हो या मीटिंग, अपनी बात को नपे-तुले, ठोस एवं प्रभावशाली ढंग से प्रस्तुत करना अनिवार्य हो गया है। अपनी बात को मनवाने में आप जितने भी सक्षम होंगे, उतने ही सफल वक्ता कहलाएंगे। वर्तमान परिवेश में ऐसे ही वक्ता की तलाश बनी रहती है।

व्यवहार कुशलता

लेखकः पी.के. आर्य, टाइपः पेपरबैक

भाषाः हिन्दी, पृष्ठः 128

व्यवहार कुशलता – इन दो शब्दों की सीढ़ियाँ बनाकर आप आसमान की ऊँचाइयाँ नाप सकते हैं, बशर्ते कि आप इस कला के धानी हों। भारत के प्रधानमंत्री पं. जवाहर लाल नेहरू एवं अमेरिका के राष्ट्रपति रूज़वेल्ट की अपार लोकप्रियता का यही रहस्य था। आप कितने ही ज्ञानी, नीतिज्ञ या विद्वान हों, यदि व्यवहार-कला में निपुण नहीं हैं, तो अवश्य ही पिछड़ जाएंगे। इसलिए आज की दुनिया में स्थायी रूप से टिके रहने के लिए व्यवहार कुशल होना अनिवार्य हो गया है।

आज जमाना बेहद जटिल हो चुका है, जबरदस्त प्रतिस्पर्धा और होड़ मची हुई है। व्यवहार कुशलता सही मायने में आपकी जीत का अचूक हथियार है। वास्तव में यह एक हुनर है। इसे आप अच्छी तरह आत्मसात् कर लें।